GRAMMAIRE
Savoir-DELF

Niveaux A1/B2

Guide du professeur

- Solutions des exercices
- Tests supplémentaires de vérification

Rédaction : Maréva Bernède
Projet graphique : Carla Devoto
Mise en page : Ambra Coniglione
Couverture : Simona Corniola
Coordination graphique : Simona Corniola

Direction artistique : Nadia Maestri

Member of CISQ Federation

RINA
ISO 9001:2008
Certified Quality System

The design, production and distribution of educational materials
for the CIDEB brand are managed in compliance with the rules of
Quality Management System which fulfils the requirements of the
standard ISO 9001 (Rina Cert. No. 24298/02/S - IQNet Reg. No. IT-80096)

© 2013 Cideb, Gênes, Londres
Première édition : janvier 2013

Pour toute suggestion ou information, la rédaction peut être contactée à l'adresse suivante :
info@blackcat-cideb.com.

Réimpression :   2   3   4   5   6   7   8   9   10 11
Année :   2016   2017   2018

Imprimé en Italie par L.E.G.O. – Lavis (TN)

Index

Solutions des exercices 5

Tests supplémentaires de vérification 49

    Niveau A1 50

    Niveau A2 66

    Niveau B1 83

    Niveau B2 94

Solutions des tests 100

Présentation du DELF 108

Avant-propos

Grammaire Savoir-DELF est destinée à un public de niveau faux débutant et intermédiaire. Le texte, où les points grammaticaux sont divisés suivant les niveaux du DELF (A1, A2, B1 et B2) vise à faire acquérir aux apprenants les savoir-faire nécessaires pour une communication correcte et efficace.

Le livre se compose de **90 unités**, de deux pages chacune : une de théorie et une d'activités.

Les règles de grammaire sont présentées de façon claire et essentielle : elles sont presque toujours introduites par des tableaux. De plus, l'acquisition des principales structures morphosyntaxiques est favorisée par de nombreux exemples. Enfin, un système de renvois à l'intérieur des unités permet de retrouver sans difficulté les arguments abordés dans d'autres unités. Cet ouvrage permet donc un apprentissage autonome et efficace.

La typologie des exercices, présentés selon une progression rigoureuse, est très variée : textes à compléter, questions à choix multiple, exercices de transformation, compréhension de textes... Une série d'exercices accompagnés d'images visent à éveiller l'attention des élèves et à rendre l'apprentissage plus actif.

Plusieurs **Bilans** permettent, en outre, de faire le point sur l'acquisition des connaissances étudiées. Quant aux pages *Communiquer DELF*, elles permettent aux apprenants d'utiliser la grammaire dans un contexte communicatif tout en les préparant aux épreuves du DELF. Les apprenants réduisent ainsi l'écart entre la théorie et sa mise en application dans la vie de tous les jours.

La **phonétique**, élément fondamental de la langue française, est abordée en début de livre afin qu'il soit possible d'acquérir une prononciation la plus correcte possible.

Des annexes, enfin, présentent certaines particularités de la langue, un abrégé du français courant et familier, ainsi que la conjugaison complète des principaux verbes.

Le **livre numérique**, qui se trouve sur un CD audio/ROM, contient du matériel d'écoute et des exercices autocorrectifs supplémentaires.

Le guide pour les enseignants propose les corrigés de l'ensemble des exercices, ainsi que des **tests supplémentaires** pour les contrôles en classe.

Solutions des exercices

Unité 1

3 *Transcription de l'enregistrement et solution :*
1 Y comme Yvonne   2 M comme Marcel
3 D comme Désiré   4 Q comme Quimper
5 E comme Eugène   6 G comme Gaston
7 J comme Joseph   8 K comme Kléber
8 Q comme Quimper.

4 *Transcription de l'enregistrement et solution :*
1 BORD, B O R D   2 CAR, C A R   3 EXIL,
E X I L   4 MAIRE,   M A I R E   5 TYPE, T Y P E
6 AUTEL, A U T E L   7 CHIC, C H I C
8 KIWI, K I W I.

5 *Transcription de l'enregistrement et solution :*
1 Avenue **Hoche**, H O C H E   2 boulevard
Voltaire, V O L T A I R E   3 rue **Girardot**, G I R A
R D O T   4 hôtel **Kléber**, K L E B E R   5 hôtel
Bastille, B A S T I L L E   6 hôtel **Auber**, AU B E R
7 Place **Beaumarchais**, B E A U M A R C H A I S
8 lycée **Mitterand**, M I T T E R A N D   9 Impasse
Raspail, R A S P A I L.

6 *Transcription de l'enregistrement et solution :*
1 Mankell, M A N K E L L   2 Christie, C H R I S T I E
3 Adamsberg, A D A M S B E R G   4 Lagarde,
L A G A R D E   5 Lindt, L I N D T   6 Thomas,
T H O M A S.

7 *Transcription de l'enregistrement :*
1 hôtel, H O T E L   2 Adrienne, A D R I E N N E
3 jambe, J A M B E   4 maire, M A I R E
5 loup, L O U P   6 noire, N O I R E   7 mythe,
M Y T H E   8 foie, F O I E   9 plage, P L A G E
10 étendre, E T E N D R E   11 voix, V O I X
12 doigt, D O I G T   13 sel, S E L
14 court, C O U R T   15 revue, R E V U E
16 muse, M U S E.
***Solution :* 1** a   **2** b   **3** a   **4** a   **5** a   **6** b   **7** b
8 b   **9** a   **10** b   **11** b   **12** b   **13** b   **14** a
15 a   **16** a.

Unité 2

3 *Transcription de l'enregistrement et solution :*
1 levure   2 tes   3 futur   4 nuage   5 animal
6 robe   7 Rome   8 mercredi   9 bise   10 liste
11 musique   12 parole.

4 *Transcription de l'enregistrement et solution :*
1 toile   2 amour   3 raison   4 sauce
5 rumeur   6 humeur   7 faveur   8 beurre
9 miroir   10 tourisme   11 poire   12 feu.

5 *Transcription de l'enregistrement et solution :*
1 courage   2 muette   3 pour   4 pur   5 barbu
6 debout   7 début   8 moustache   9 mur
10 duvet   11 muette   12 ému.

6 *Transcription de l'enregistrement et solution :*
1 boire   2 souris   3 cousin   4 pause   5 sauna
6 mouchoir   7 mousson   8 choix   9 choux
10 chaume   11 poux   12 cauchemar.

7 *Transcription de l'enregistrement et solution :*
1 payer   2 loyal   3 égayer   4 employer
5 nettoyer   6 envoyer   7 balayer   8 voyager
9 crayon   10 foyer   11 aboyer   12 loyer.

8 *Transcription de l'enregistrement et solution :*
1 taupe   2 peur   3 deux   4 faux   5 pause
6 vapeur   7 eux   8 fauve   9 saveur
10 heureux   11 caution   12 chaux.

9 *Transcription de l'enregistrement et solution :*
1 armoire   2 tube   3 Pauline   4 courbe
5 bourse   6 cube   7 foire   8 saule   9 courte
10 Marie   11 porte   12 cible.

Unité 3

6 *Transcription de l'enregistrement et solution :*
A 1 pente   2 instant   3 menthe   4 sentir
5 interruption   6 ringard.
B 1 printemps   2 embouchure   3 improbable
4 temple   5 timbre   6 simple.
C 1 fontaine   2 brun   3 bon   4 ton
5 chacun   6 emprunt.
D 1 mexicain   2 égyptien   3 norvégien
4 parisien   5 romain   6 américain.

7 *Transcription de l'enregistrement et solution :*
1 changer   2 bain   3 manteau   4 bien
5 bombe   6 coincer   7 confort   8 train
9 européen   10 wagon.
***Solution :* 1** c   **2** a   **3** c   **4** c   **5** c   **6** b   **7** a
8 a   **9** a   **10** b.

Unité 4

2 *Transcription de l'enregistrement et solution :*
1 cave   2 courte   3 culture   4 français
5 hameçon   6 cartable   7 rançon   8 cuisine.

3 *Transcription de l'enregistrement et solution :*
1 cheval   2 ici   3 citer   4 chanvre
5 charpente   6 sac.

4 *Transcription de l'enregistrement et solution :*
1 acc**è**s **2** lan**c**er **3** far**c**e **4** o**cc**ident
5 su**cc**e**ss**ion **6** min**c**e.

5 *Transcription de l'enregistrement et solution :*
1 chan**g**er **2** lon**g**itude **3** ba**gu**e **4** fati**gu**e
5 **g**érant **6** **gu**ide.

6 *Transcription de l'enregistrement et solution :*
1 for**g**er **2** **g**estion **3** su**gg**estion **4** **g**are
5 usa**g**e **6** a**gg**raver.

7 *Transcription de l'enregistrement et solution :*
1 ro**s**e **2** rou**ss**e **3** sui**ss**e **4** ra**s**er **5** mou**ss**e
6 mi**s**e.

8 *Transcription de l'enregistrement et solution :*
1 fi**l**e **2** fou**l**e **3** fou**ill**er **4** mou**ill**er **5** ma**ill**e
6 pi**l**e.

9 *Transcription de l'enregistrement et solution :*
1 to**x**ique **2** di**sc**ipline **3** he**x**agone **4** pi**sc**ine
5 a**sc**ension **6** mi**x**te.

Unité **5**

1 *Transcription de l'enregistrement et solution :*
1 oue**st** **2** Tuni**s** **3** tou**t** **4** prospectu**s**
5 temp**s** **6** transpor**t** **7** sour**d** **8** puit**s**
9 bu**s** **10** mar**s** **11** tenni**s** **12** Madri**d**.

Unité **6**

1 *Transcription de l'enregistrement et solution :*
1 Vous_allez à Paris. **2** Ils_ont_un chien.
3 Vous_êtes allemand. **4** C'est_une vieille
maison. **5** Ils_habitent loin. **6** Elles_aiment les
biscuits. **7** Je vais chez_elle. **8** Il_est_allé
chez sa sœur. **9** Les_images sont claires.
10 C'est_un grand_arbre. **11** Nous_allons
dans_un café. **12** J'habite au premier_étage.

2 *Transcription de l'enregistrement et solution :*
1 Elles regardent_un film. **2** Je la connais
depuis deux_ans. **3** Elle travaille bien.
4 Il a quatre-vingts_ans. **5** On ne se voit pas
depuis dix_ans. **6** C'est_un sans-abri.
7 C'est_un_ordre ! **8** C'est son vélo.
9 Il_est trois_heures. **10** Ils_ont peur.
11 Vous_avez l'heure ? **12** Nous_avons raison.

3 *Transcription de l'enregistrement et solution :*
1 Elles_ont de beaux_yeux. **2** Ils_arrivent_en
retard. **3** On ne fait pas de crédit. **4** Il travaille

à Rome. **5** Notre correspondant va téléphoner.
6 C'est nickel ! **7** C'est_important.
8 Il_est_angoissé. **9** Il_est journaliste.
10 Allez_-y ! **11** Je ne connais pas la personne
dont tu parles. **12** C'est_un grand_immeuble.
Solution : 1, 2, 7, 8, 9, 12.

4 *Transcription de l'enregistrement et solution :*
1 cintre **2** merci **3** reçu **4** Ça va ?
5 colimaçon **6** limace **7** Cécile
8 maçon **9** français **10** garçon
11 Françoise **12** Sicile.

5 **1** Parle-moi de tes difficultés.
2 Quel bel abat-jour ! **3** Prends-le et mets-le
dans la machine à laver. **4** Y a-t-il d'autres
questions ? **5** Où veux-tu aller ?
6 Passe-moi le sel, s'il te plaît.

6 **1** Je n'habite plus dans cet immeuble.
2 L'ami de mon frère s'appelle Mathis.
3 Il s'habille de façon sportive. **4** S'il n'arrive pas
dans une heure, appelle-le. **5** Je ne sais ce qu'il
fait comme travail. **6** Je n'aime pas ce que tu
dis. **7** Je t'appelle demain. **8** Il faut qu'on se
parle ! **9** Vous m'énervez ! **10** Arrête, s'il te
plaît. **11** L'ascenseur est en panne.
12 Tu connais l'amie de Sophie ?

7 **1** / **2** Elle s'engage. **3** / **4** /
5 Jusqu'à deux heures. **6** S'ils veulent.
7 / **8** / **9** c'est **10** J'arrive. **11** /
12 Tu t'habilles.

Unité **7**

1 **1** a **2** a **3** a **4** b **5** b **6** a **7** a **8** a
9 b **10** b.

2 **1** por-te **2** cha-riot **3** mai-son **4** ob-te-nir
5 met-tre **6** di-rec-teur **7** exa-gé-rer
8 voi-le **9** té-lé **10** é-vi-ter **11** tech-ni-cien
12 so-li-tai-re **13** im-por-tant **14** ma-ga-sin
15 dif-fi-ci-le **16** sor-tir **17** be-soin
18 at-ta-quer **19** at-trac-tion
20 mer-cre-di **21** si-len-ce.

3 *Transcription de l'enregistrement et solution :*
1 tenue **2** v**é**rit**é** **3** petit d**é**jeuner
4 cercle **5** tenace **6** mercure **7** p**é**n**é**trer
8 verte **9** esp**é**rer **10** exemple
11 rectiligne **12** **é**viter **13** tester
14 essuyer **15** r**é**el.

4 *Transcription de l'enregistrement et solution :*
1 dernière   **2** père   **3** manière   **4** ils achètent
5 premier   **6** perdre   **7** verdure   **8** discrète
9 médiathèque.

5 *Transcription de l'enregistrement et solution :*
1 mèche   **2** sévérité   **3** sévère   **4** manière
5 levure   **6** derrière   **7** debout   **8** début
9 texture   **10** belle   **11** énervé   **12** telle.

6 *Transcription de l'enregistrement et solution :*
1 servir   **2** fenêtre   **3** souffert   **4** secret
5 fête   **6** nous achetons   **7** écrire
8 renseigner   **9** vendre   **10** légère
11 appartement   **12** étude   **13** tu te lèves
14 secrétaire   **15** mesure.

BILAN 1

1 *Transcription de l'enregistrement et solution :*
1 barbe   **2** barbu   **3** tomme   **4** site   **5** lettre
6 fidèle   **7** mérite   **8** série   **9** cuisse.

2 *Transcription de l'enregistrement et solution :*
1 Paul   **2** peur   **3** voile   **4** payer   **5** voyage
6 pouvoir   **7** mai   **8** puits   **9** peigne.

3 *Transcription de l'enregistrement et solution :*
1 pince   **2** pendant   **3** coincé   **4** lien
5 chacun   **6** rondelle.

4 *Transcription de l'enregistrement et solution :*
1 sympa   **2** temple   **3** comble   **4** ambassade
5 francilien   **6** pointu   **7** impossible
8 parfum   **9** malsain.

5 *Transcription de l'enregistrement et solution :*
1 acceptation   **2** bile   **3** cage   **4** déçu
5 désir   **6** déchu   **7** folle   **8** mousse   **9** place
10 rocheux   **11** strophe   **12** suggestif
13 jardin   **14** taxe   **15** maladie.

6 **1** sen-tier   **2** pour-boi-re   **3** cen-tra-le   **4** ar-bre
5 mu-si-que   **6** par-le-ment   **7** ef-fi-ca-ci-té
8 té-lé- phé-ri-que   **9** cla-vier   **10** hi-ver
11 ex-plo-ra-teur   **12** or-di- na-teur.

7 *Transcription de l'enregistrement et solution :*
1 couloir   **2** mauvais   **3** essayer   **4** lait
5 minuit   **6** jeudi   **7** toit   **8** père   **9** bébé
10 nettoyer   **11** appuyer   **12** devoir
13 punition   **14** neige   **15** nuisible.

8 *Transcription de l'enregistrement :*
1 allemande   **2** blanc   **3** dernière   **4** fin
5 gentil   **6** gris   **7** longue   **8** mes   **9** petit
10 pleine   **11** serein   **12** vert.

Solution : **1** b   **2** a   **3** b   **4** a   **5** a   **6** a
7 b   **8** b   **9** a   **10** b   **11** a   **12** a.

9 *Transcription de l'enregistrement :*
1 ce   **2** conduite   **3** copine   **4** dite   **5** écrit
6 fer   **7** foire   **8** hiver   **9** mais   **10** prêt
11 prise   **12** toute.
Solution : **1** a   **2** b   **3** b   **4** b   **5** a   **6** a
7 a   **8** a   **9** b   **10** a   **11** b   **12** b.

10 *Transcription de l'enregistrement et solution :*
1 Ils disent bonjour.   **2** Elles_aiment ça.
3 Vous_allez_à Rome.   **4** Vous devez_aller_en
cours.   **5** Je fais ça en vingt minutes.   **6** Tu as
vingt ans ?   **7** Tu es_insupportable !
8 Ils_ont_appris la nouvelle.   **9** Cet_enfant a
deux_ans.   **10** Nous_arrivons ce soir.

11 *Transcription de l'enregistrement et solution :*
1 tronçon   **2** cycle   **3** stoïque   **4** mosaïque
5 langue   **6** naïf   **7** maïs   **8** rosace   **9** leçon
10 force   **11** égoïste   **12** flocon.

12 **1** A-t-il des frères ou des sœurs ?   **2** Je ne
comprends pas ce qu'elle dit   **3** Avez-vous une
adresse mail ?   **4** Asseyez-vous, s'il vous plaît !
5 J'adore cette couleur !   **6** Qu'est-ce qu'il
veut ?

13 *Transcription de l'enregistrement et solution :*
1 sénat   **2** tempête   **3** étranger   **4** bête
5 débutant   **6** étoile   **7** planète   **8** serrure
9 devise   **10** sève   **11** forestière   **12** fenêtre
13 mélange   **14** chèvre   **15** élève.

Unité 8

1 **1** la   **2** la   **3** le   **4** les   **5** le   **6** l'   **7** l'
8 la   **9** le   **10** la   **11** le   **12** la   **13** les
14 l'   **15** l'.

2 **1** des   **2** un   **3** une   **4** des   **5** une   **6** un
7 des   **8** un   **9** une   **10** un   **11** une   **12** une
13 des   **14** un   **15** un.

3 **1** un acteur   **2** le village   **3** la tomate   **4** l'ami
5 un sport   **6** un sac   **7** le magasin   **8** une
fenêtre   **9** une sœur   **10** la rue.

4 **1** un – une **a**   **2** un – un **a**   **3** une – un **a**
4 un – un – un **b**   **5** une – une – une **a**
6 des – des **b**.

5 **1** le   **2** le   **3** des   **4** les   **5** Le   **6** Le   **7** la
8 des   **9** une   **10** un   **11** des   **12** un
13 Le   **14** un.

Unité 9

1 1 C a   2 D b   3 A a   4 E b   5 F b   6 B b.

2 1 à l'   2 du   3 aux   4 de la   5 aux   6 de l'
7 à la   8 au.

3 1 à la   2 au   3 à la   4 à l'   5 du   6 de la
7 de l'   8 de l'   9 aux   10 aux.

4 1 à la – à la   2 au – au   3 à la   4 du – du.

5 1 du travailleur   2 du voisin   3 de l'article
4 à l'étage   5 au participant   6 du jardin.

Unité 10

1 1 de   2 de   3 des   4 des   5 de   6 du
7 des   8 du.

2 1 du – de la   2 des   3 du   4 de l'   5 de la
6 du   7 du   8 du.

3 **Pizza** : de la – du – du – de la – de la – de l'.
Salade niçoise : de la – des – des – des – des.
Tarte tatin : de la – du – du – des – des.
Crêpes : de la – du – des – du – du.
Crêpes sucrées : de la – du.

4 1 Elle boit beaucoup de café.   2 Je ne mange ni
viande ni poisson.   3 Elle cuisine sans beurre.
4 Tu manges trop de bonbons.   5 Nous avons
peu d'exercices pour demain.   6 J'ai moins de
travail depuis un an.

5 1 des   2 d'   3 de   4 de   5 du   6 de la
7 de   8 des.

6 1 /   2 de   3 de   4 de   5 du   6 du – de la
7 de   8 du.

BILAN 2

1 Réponse libre.

2 1 au   2 à la – du   3 au – de l' – au   4 au
5 aux   6 des – du.

3 1 une   2 de la   3 le – les   4 Le – une   5 la
6 une – un – des.

4 1 des – du – de la   2 de   3 de la   4 des   5 de
6 de – de.

5 2 Héritier du trône f   3 Principal ingrédient de la
pizza c   4 Premier mois de l'année b   5 Fleuve
de la ville de Paris e   6 Capitale de la Belgique a
7 Oiseaux typiques de la Camargue d.

6 1 de la   2 des   3 du   4 de la   5 les   6 de la
7 de l'   8 du   9 aux   10 des   11 La   12 au
13 des   14 des.

7 **A** 1 du   2 aux   3 de   4 un   5 une   6 une
7 une   8 L'   9 des   10 de   11 les   12 le
13 la   14 de   15 une   16 les   17 l'
18 du   19 Le   20 le   21 de l'   22 de
23 les   24 l'   25 au.

B 1 Le   2 la   3 de l'   4 le   5 l'   6 les   7 un
8 des   9 la   10 du   11 une   12 un.

8 1 une – un   2 de   3 l'   4 de la – de l' – du
– des   5 les – de l'   6 une – aux – le.

Unité 11

1 1 vendeuse   2 actrice   3 championne
4 boulangère   5 lectrice   6 héroïne.

2 1 une institutrice   2 une lycéenne
3 une collègue   4 une coiffeuse
5 une commerçante   6 une cousine.

3 1 une femme   2 une femme écrivain
3 une princesse   4 une tante   5 une sœur
6 une copine.

4 1 infirmière   2 tante   3 comtesse   4 employée
5 épouse   6 nièce.

Unité 12

1 1 active   2 studieuse   3 importante   4 belge
5 ancienne   6 chère.

2 1 grecque   2 blanche   3 pareille   4 peureuse
5 douce   6 exiguë.

3 1 sucrée   2 délicieuse   3 marocaine   4 mariée
5 dernière   6 précieuse   7 naïve   8 longue.

4 1 juste   2 espagnole   3 brûlée   4 moderne
5 ensoleillée   6 chère.

5 1 paresseuse   2 ennuyeuse   3 fade
4 compliquée   5 sportive   6 provençale.

6 1 f pliable   2 g serrée   3 b capricieuse
4 c gothique   5 h ambiguë   6 e siamoise
7 d japonaise   8 a majestueuse.

Unité 13

1 1 des garçons jaloux   2 des animaux dangereux
3 des trous profonds   4 des gâteaux caloriques
5 des prix élevés   6 des portails anciens.

2 1 des cailloux ronds   2 des genoux fragiles
3 des journaux régionaux   4 des yeux verts
5 des pneus crevés   6 des vitraux somptueux.

3 1 un bijou précieux   2 un monsieur gentil
3 un taureau noir   4 un acrobate chinois
5 un manteau chaud   6 un plat régional.

4 1 f blancs   2 e clandestins   3 c navals
4 b brésiliens   5 d bas   6 a bondés.

5 1 a bals – journaux – chevaux   2 c puits – nez
– films   3 a travaux – portails – chandails
4 c choux – hiboux – trous   5 b gaz – fleuves
– bras   6 c cadeaux – gâteaux – roux.

6 A choux   B poux   C châteaux   D yeux.

BILAN 3

1 1 mariée   2 ambitieuse   3 sédentaire
4 grasse   5 verte   6 belle.

2 1 une princesse russe   2 une comtesse anglaise
3 une gentille employée   4 une élève studieuse
5 une fille jalouse   6 une championne admirée.

3 1 bijoux – précieux   2 gâteaux – sucrés
3 cheveux – blancs   4 animaux dangereux
5 cheveux noirs   6 pneus – crevés.

4 1 des trous profonds   2 des cailloux pointus
3 des plats nationaux   4 des festivals célèbres
5 des voix aiguës   6 des prix bas.

5 1 jumeaux terribles   2 désordonnés   3 livres
4 jouets   5 vêtements   6 studieux   7 attentifs
8 paresseux   9 capricieux   10 jumeaux
11 parfaits   12 ordonnés   13 soigneux
14 raisonnables   15 gentils.

6 1 colérique   2 gourmande   3 passionnante
4 sablonneuse   5 fraîche   6 ambiguë.

7

Masculin singulier	Masculin pluriel	Féminin singulier	Féminin pluriel
nouveau	nouveaux	nouvelle	nouvelles
facile	faciles	facile	faciles
grand	grands	grande	grandes
curieux	curieux	curieuse	curieuses
anglais	anglais	anglaise	anglaises
premier	premiers	première	premières
ennuyé	ennuyés	ennuyée	ennuyées
actuel	actuels	actuelle	actuelles

8 1 c une lectrice acharnée   2 f une institutrice
sévère   3 a une monitrice de ski bronzée   4 e une
femme écrivain célèbre   5 b une chatte siamoise
6 d une chienne méchante.

9 1 sévères   2 sévère   3 ordonnée   4 exigeante
5 bons   6 compréhensifs   7 disponibles
8 curieux   9 petites   10 terribles
11 capricieuses   12 bavardes   13 studieuses
14 primaire.

COMMUNIQUER

1 **A** 1 Le   2 la   3 La.
  B 1 Le   2 Les   3 les   4 la   5 le   6 les.

2 **A** 1 un   2 un.
  B 1 une   2 des   3 une   4 un.
  C 1 une   2 des.

3 **A** 1 l'.
  B 1 au   2 Le   3 un   4 les.
  C 1 la   2 des   3 un   4 une   5 Au.

4 Réponses libres.

5 1 Le   2 un   3 Les   4 les   5 l'   6 un   7 Le
  8 la   9 des   10 Le   11 des   12 l'   13 le
  14 des   15 Le   16 une   17 l'   18 l'   19 Les
  20 aux   21 les   22 la   23 des   24 les   25 le
  26 les   27 les.

6 **A** 1 traditionnelle   2 conviviale   3 agréables
  4 spacieuses   5 Belle.
  B 1 privilégiée   2 régionale   3 nombreuses
  4 imprenable.
  C 1 piétonne   2 unique   3 généreuse
  4 estivale   5 musicales.

7 **A** 1 chiffres   2 couleurs   3 châteaux
  gonflables   4 travaux manuels   5 jeux
  6 confitures   7 bonbons   8 pâtisseries
  9 tartes   10 animaux   11 cadeaux
  personnalisés   12 occasions spéciales
  13 objets   14 Tableaux   15 sculptures
  16 Stages   17 produits fermiers
  18 fromages   19 tommes   20 yaourts
  21 bateaux gonflables   22 guides diplômés,
  expérimentés et qualifiés.
  B Réponses libres.

Unité 14

1 1 il   2 vous   3 ils   4 nous   5 je   6 tu.

2 1 est   2 sommes   3 êtes   4 sont   5 suis
  6 es.

3 1 avons   2 ont   3 a   4 as   5 ai   6 avez.

4 2 Ils sont contents. – Elle est contente. – Elles sont
  contentes.   3 Ils sont infirmiers – Elle est
  infirmière. – Elles sont infirmières.   4 Ils sont
  sportifs. – Elle est sportive. – Elles sont sportives.
  5 Ils sont mariés. – Elle est mariée. – Elles sont

mariées.   6 Ils sont espagnols. – Elle est
espagnole. –Elles sont espagnoles.
7 Ils sont jaloux. – Elle est jalouse. – Elles sont
jalouses.   8 Ils sont ambitieux. – Elle est
ambitieuse. – Elles sont ambitieuses.

5 **Ils sont** : à Marseille – célibataires – en classe
  – en congé – grecs – médecins – satisfaits.
  Ils ont : beaucoup de CD – des amis au
  Portugal – deux enfants – sommeil – tort –
  une belle voiture.

6 1 sont   2 avons   3 est   4 Avez   5 es   6 as.

7 1 êtes   2 sont   3 avez   4 sommes   5 est
  6 as.

Unité 15

1 1 je/il/elle   2 nous   3 vous   4 ils/elles   5 tu
  6 je/il/elle   7 ils/elles   8 tu   9 nous.

2 1 surfe – surfent   2 visites – visitez   3 reste
  – restons   4 habite – habitent   5 donnes –
  donnons   6 rencontre – rencontrez.

3 Réponses libres. **Propositions** : 1 Il dessine un
  chien.   2 Il explique les racines.   3 Elle prépare
  un gâteau.   4 Ils s'amusent.

4 1 allons   2 appellent   3 jettes   4 achète
  5 projetez   6 feuillette.

5 1 Nous voyageons beaucoup en été.
  2 Nous annonçons une nouvelle importante.
  3 Nous commençons un nouveau travail.
  4 Nous mangeons beaucoup de chocolat.
  5 Nous lançons une nouvelle marque.
  6 Nous partageons cette idée.

Unité 16

1 1 e   2 è   3 e   4 è   5 è   6 è.

2 1 vous promenez   2 te lèves   3 emmenons
  4 sème   5 enlèvent   6 cèle.

3 1 suggère – suggérons   2 répétez – répètent
  3 considères – considèrent   4 possède –
  possède   5 te promènes – vous promenez
  6 espère – espérez.

4 1 Nous préférons aller à la piscine.   2 Les agents
  mènent une enquête.   3 Mes parents espèrent
  partir la semaine prochaine.   4 Vous considérez
  le pour et le contre.

5 **1** envoie **2** nettoyez **3** essuies **4** payons
5 essaie/essaye **6** s'ennuient.

6 **1** payez **2** espère **3** nettoie **4** suggérons
5 envoies **6** sèment.

7 **1** essayons c **2** se lève f **3** répétez a
4 promènent b **5** m'ennuie d **6** jettes e.

Unité 17

1 **1** b **2** c – f **3** d **4** e **5** a **6** c – f.

2 **1** approfondis **2** désobéis **3** réfléchissons
4 choisissez **5** vieillit **6** choisissent.

3 **1** bondit **2** rougissent **3** établissons **4** saisis
5 salis **6** trahissez.

4 **1** agissez – agissent **2** accomplissons –
accomplissez **3** applaudit – applaudissons
4 saisis – saisis **5** fleuris – fleurit
6 approfondissent – approfondis.

5 **1** remplissent **2** établit **3** grossis **4** agissons
5 fournit **6** maigris.

6 **1** obéit **2** réfléchis **3** finissons **4** grandissent
5 bondissent **6** saisissez.

Unité 18

1 **1** b **2** d – e **3** f **4** c **5** e **6** a.

2 **1** ment **2** sors **3** dort **4** contient **5** partez
6 sert **7** convient **8** souviens.

3 **1** Nous tenons beaucoup à ce projet.
2 Ils soutiennent un mouvement écologiste.
3 Ils se souviennent de lui. **4** Vous venez avec
nous ? **5** Elles tiennent à lui faire un cadeau.
6 Nous prévenons nos parents de notre retard.
7 Vous devez rentrer avant minuit ?
8 Nous voulons voir ce film.

4 **1** accueillent **2** souffres **3** ouvre
4 recueillons **5** découvrez **6** offre **7** vois
8 recevons.

5 **A** **1** déçoit. **B** **1** veux **2** ne peux pas
3 dois. **C** **1** ne le sais pas **2** reçois.

Unité 19

1 **1** descendez **2** attends **3** permets
4 apprennent **5** réponds **6** admettons.

2 **1** Nous rendons ces livres à la bibliothèque.
2 Vous mettez trop de sel dans cette soupe.
3 Elles battent des œufs en neige.
4 Vous m'interrompez tout le temps !
5 Ils surprennent toujours les autres.
6 Ils vendent de vieux meubles.

3 **1** apprends **2** ne comprends rien **3** confonds
4 commets **5** ne s'apprend pas **6** permet
7 reprends **8** attends **9** réponds.

4 **1** perds – perds –perdent **2** commettons
– commet – commettez **3** entends – entendent
– entend **4** interromps – interrompons –
interrompez **5** descend – descendons –
descendent **6** vends – vend – vendons.

5 **1** répond **2** surprend **3** vend **4** reprends.

Unité 20

1 **1** croit **2** lisons **3** éteignez **4** bois
5 connaissons **6** produisent **7** éteint **8** cuis.

2 **1** disparaît **2** écrivez **3** lis **4** cuit **5** fais
6 traduisons.

3 **1** Nous conduisons tous les jours. **2** Vous vous
plaignez de cette situation. **3** Ils font des
économies. **4** Je rejoins Marc à la montagne.
5 Ils peignent des natures mortes. **6** J'éteins la
lumière.

4 **1** reproduit **2** conduit – se plaint
3 construisent **4** ne crois pas **5** craignons
6 dites **7** conduis **8** peint.

5 **1** écris – écrit **2** connaissez – connaissent
3 traduis – traduisent **4** dis – dites **5** croit
– croyez **6** éteins – éteignent.

Unité 21

1 **1** écoute – écoutons – écoutez **2** réfléchis
– réfléchissons – réfléchissez **3** lis – lisons –
lisez **4** attends – attendons – attendez
5 écris – écrivons – écrivez **6** sors – sortons –
sortez.

2 **1** bois – buvons – buvez **2** dis – disons – dites
3 offre – offrons – offrez **4** sois – soyons – soyez
5 aie – ayons – ayez **6** sache – sachons –
sachez.

3 **1** Mets **2** Arrêtez **3** Faites **4** Allez **5** prends
6 Partons **7** Prends **8** va.

4 1 Écoute ses recommandations ! – N'écoute pas ses recommandations ! **2** Allons manger une pizza ! – N'allons pas manger une pizza ! **3** Choisissez votre destination ! – Ne choisissez pas votre destination ! **4** Réponds à leurs questions – Ne réponds pas à leurs questions **5** Va à la poste ! – Ne va pas à la poste ! **6** Offrez votre aide à vos amis ! – N'offrez pas votre aide à vos amis !

5 1 Téléphone-lui ! – Ne lui téléphone pas ! **2** Arrêtons-nous ici ! – Ne nous arrêtons pas ici ! **3** Brossez-vous les dents avec ce dentifrice ! – Ne vous brossez pas les dents avec ce dentifrice ! **4** Essuie-toi les mains avec cette serviette ! – Ne t'essuie pas les mains avec cette serviette ! **5** Passe-moi l'huile ! – Ne me passe pas l'huile ! **6** Écoutez-nous ! – Ne nous écoutez pas ! **7** Excuse-toi avec ton cousin ! – Ne t'excuse pas avec ton cousin ! **8** Regardez-nous pendant l'entraînement ! – Ne nous regardez pas pendant l'entraînement !

BILAN 4

1 1 mettent **2** envoie **3** aboie **4** font.

2 1 dessine – dessinons – dessinent **2** envoies – envoyons – envoient **3** projette – projette projetons **4** rappelons – rappelez – rappellent **5** paie/paye – paie/paye – payez **6** vas – vont – vais.

3 1 choisis – choisissons – choisissent **2** agit – agissez – agissent **3** pars – pars – part **4** mentez – mentons –mentent **5** gémis – gémis – gémissent **6** viens – vient – venons.

4 1 Nous payons l'addition. **2** Ils jettent un coup d'œil. **3** Vous épelez votre nom **4** Ils finissent à six heures. **5** Nous répondons à toutes les questions. **6** Nous devons nous taire.

5 1 désobéissent **2** conduisez **3** veulent **4** entendons **5** dois **6** vend.

6 1 mangeons **2** commence **3** commençons **4** voyageons **5** efface **6** bougent.

7 1 Nous traçons des cercles dans la neige. **2** Nous nageons bien. **3** Nous déplaçons ces chaises. **4** Nous partageons notre appartement avec Romain. **5** Nous renonçons à notre voyage. **6** Nous voyageons en avion.

8 1 a **2** a **3** a **4** b **5** a **6** b.

9 1 Finissez ce travail ! **2** Partons tout de suite ! **3** Parle à voix haute ! **4** Dites ce que vous pensez ! **5** Réfléchis avant de parler ! **6** Faites des efforts !

10 1 Soyez sages ! **2** Soyons optimistes ! **3** Découvrez la vérité ! **4** Offre un gâteau à tes amis ! **5** Ouvre la porte ! **6** Sois patient !

COMMUNIQUER

1 1 c **2** b **3** b **4** a **5** b **6** a.

2 **A** 1 surfes **2** dépend **3** vais **4** dit **5** passe **6** a **7** surfe **8** détend **9** chatte **10** adore.

B 1 te lèves **2** as **3** habite **4** prends **5** mange **6** vas **7** mets **8** arrive **9** disent **10** est.

C 1 faites **2** devons **3** écoutez **4** ne dites pas **5** avez **6** sont **7** ne posent pas.

D 1 peux **2** Attendez **3** vérifie **4** a **5** est **6** préférez **7** coûte **8** dois **9** envoie **10** donne.

3 **Le matin** 1 me lève **2** prends **3** prends **4** m'habille **5** sors **6** prends **7** vais **8** pars **9** commencent **10** dure **11** finissent.

L'après-midi 1 rentre **2** me relaxe **3** regarde **4** écoute **5** fais **6** goûte **7** sors **8** fais **9** surfe **10** joue **11** vais **12** m'entraîne.

Le soir 1 dîne **2** mange **3** vais.

4 1 Ramollissez **2** Faites **3** Retirez **4** faites **5** Fouettez **6** versez **7** Montez **8** incorporez **9** Incorporez **10** Épluchez **11** coupez **12** Répartissez **13** Posez **14** finissez **15** Placez.

5 *Transcription de l'enregistrement et solution* : Pour toutes les sorties, nous vous **recommandons** de prévoir de l'eau, de bonnes chaussures de marche, un petit sac à dos, des lunettes de soleil, de la crème solaire, une veste imperméable, au besoin un bâton et un chapeau. Si la sortie **est** longue, **prévoyez** un encas. Au détour des sentiers, si vous **avez** la chance d'apercevoir les hôtes de nos montagnes, ne les dérangez pas et **prévoyez** des jumelles pour les observer tranquillement. Et si vous **passez** à proximité d'un troupeau domestique, sachez adapter votre attitude et **restez** calmes et respectueux. **Évitez** de vous approcher des chiens de berger qui surveillent les troupeaux. **Préservez** l'équilibre fragile des milieux montagnards et **ramenez** vos déchets.

Unité 22

1 **1** il/elle **2** vous **3** ils/elles **4** je/il/elle **5** je/tu **6** nous.

2 **1** Il n'est pas là. **2** Dans ce magasin, on parle allemand. **3** Ici, on peut suivre plusieurs types de cours. **4** On peut entrer ? **5** Il est très connu. **6** On ne parle que de ça.

3 **1** b **2** d **3** a **4** f **5** c **6** e.

4 **1** j' **2** nous **3** il **4** elle **5** ils **6** elles.

5 **1** Je **2** elle **3** il **4** je **5** elle **6** il **7** Nous **8** tu.

6 **1** Elles sont bavardes. **2** Ils sont sévères. **3** Nous dansons le hip-hop. **4** Il vient de Munich. **5** Il gagne beaucoup de médailles. **6** Ils jouent dans le parc.

Unité 23

1 **1** moi **2** toi **3** Elle **4** Lui **5** eux **6** Eux.

2 **1** Elle **2** Lui **3** Vous **4** Nous.

3 **1** toi **2** Eux **3** vous **4** Moi **5** Elle **6** elles.

4 **1** moi **2** lui **3** eux **4** toi **5** eux **6** elles.

5 **A** **1** Moi **2** toi **3** Moi **4** lui **5** Lui.
B **1** toi **2** nous **3** eux **4** eux.

Unité 24

1 **1** tonne **2** se passe **3** y a **4** reste **5** fait **6** manque.

2 **1** faut **2** pleut **3** y a **4** reste **5** suffit **6** se passe.

3 **1** a y a **2** c faut **3** b vaut mieux **4** f fait **5** d s'agit **6** e existe.

4 **1** faut/suffit de **2** faut **3** fait **4** fait **5** s'agit **6** arrive.

BILAN 5

1 **1** Tu **2** Elles **3** Tu **4** Nous **5** Ils **6** On.

2 **1** Tu **2** Elles **3** moi **4** eux **5** elle **6** eux.

3 **1** Nous – vous **2** Toi **3** lui **4** Elle **5** toi **6** Moi.

4 **1** elle **2** lui **3** vous **4** elle **5** eux **6** eux.

5 **1** toi **2** Eux **3** Moi **4** lui **5** lui **6** toi – moi.

6 **1** b **2** f **3** a **4** e **5** c **6** d **7** h **8** g.

7 **1** Il s'agit **2** il suffit **3** Il vaut mieux **4** Il faut **5** il se passe **6** Il existe.

8 **1** Il fait froid. **2** Il fait beau/chaud. **3** Il pleut. **4** Il neige.

9 Réponses libre. **Propositions : 1** Il reste du poulet. **2** Il y a du vent. **3** Il fait beau. **4** Il faut des légumes pour faire cette recette.

Unité 25

1 **1** Il ne fait pas ses devoirs. **2** Elle ne conduit pas avec prudence. **3** Ils ne chantent pas bien. **4** Elles n'aiment pas la soupe.

2 **1** Il ne va jamais au théâtre le dimanche. **2** Il ne mange ni viande ni poisson. **3** Nous ne jouons plus au volley. **4** Ils ne savent rien. **5** Je n'appelle personne. **6** Tu n'as aucun dictionnaire.

3 **1** Je te conseille de ne pas voir ce film. **2** Nous vous recommandons de ne pas rester. **3** Je lui demande de ne pas allumer le chauffage. **4** Il m'a invité à ne pas réaliser ce projet. **5** Il nous a dit de ne pas aller au secrétariat. **6** Je lui ai conseillé de ne pas réserver à l'avance.

4 **1** Elle ne regarde que le journal télévisé. **2** Il ne pense qu'à sa petite amie. **3** Je ne commande qu'une salade niçoise. **4** Nous ne buvons que de l'eau minérale plate. **5** Ils ne parlent qu'anglais. **6** Vous ne travaillez que le matin.

5 **1** À midi, je ne mange pas de pâtes. **2** Je n'ai pas de chat noir. **3** Ils n'ont pas d'enfants. **4** Nous ne buvons pas de lait demi-écrémé. **5** Ils n'achètent pas de revues. **6** Il n'a pas de vélo tout terrain.

Unité 26

1 1 t 2 / 3 / 4 / 5 t 6 /.

2 1 Tu étudies dans cette école ?   Est-ce que tu étudies dans cette école ?   Études-tu dans cette école ?   **2** Vous travaillez dans cette société ? Est-ce que vous travaillez dans cette société ? Travaillez-vous dans cette société ?   **3** Ils invitent leurs collègues ?   Est-ce qu'ils invitent leurs collègues ?   Invitent-ils leurs collègues ? **4** Il sort le soir ?   Est-ce qu'il sort le soir ? Sort-il le soir ?   **5** Elle part au Mexique ?   Est-ce qu'elle part au Mexique ?   Part-elle au Mexique ? **6** Nous achetons ce modèle ?   Est-ce que nous achetons ce modèle ?   Achetons-nous ce modèle ?   **7** Ils font une randonnée ?   Est-ce qu'ils font une randonnée ?   Font-ils une randonnée ?   **8** Vous dînez au restaurant ? Est-ce que vous dînez au restaurant ?   Dînez-vous au restaurant ?   **9** Il vient en métro ? Est-ce qu'il vient en métro ?   Vient-il en métro ? **10** Tu téléphones à Ali ?   Est-ce que tu téléphones à Ali ?   Téléphones-tu à Ali ?

3 1 Si, nous avons envie de sortir.   **2** Si, il est tunisien.   **3** Si, ils sont prêts.   **4** Si, elle est en retard.   **5** Si, j'ai faim.   **6** Si, ils ont des animaux domestiques.

4 1 N'est-il pas en retard ?   **2** Vous n'avez pas faim ?   **3** Est-ce qu'il ne s'entend pas bien avec sa sœur ?   **4** Tu ne ranges pas ta chambre ? **5** Est-ce qu'elle ne va pas au supermarché ? **6** Ne déjeunent-ils pas à la cantine ?

BILAN 6

1 **A** 1 t 2 t **B** 1 /.

2 1 Oui   **2** Non   **3** Si   **4** oui.

3 1 Elle ne travaille pas comme interprète.
2 En été, ils ne dînent pas souvent dans le jardin.
3 Vous n'écoutez pas les explications du guide.
4 Elle ne peut pas faire ce stage.   **5** Ils n'arrivent pas à l'heure.   **6** Vous n'avez pas le temps de visiter le château.

4 1 Le professeur nous a dit de ne pas refaire tout l'exercice.   **2** Le guide nous a conseillé de ne pas aller dans ce quartier.   **3** Le médecin nous conseille de ne pas prendre ces vitamines.

4 Je vous conseille de ne pas acheter les billets longtemps à l'avance.   **5** Elle suggère à ses collègues de ne pas parler avec le directeur. **6** Nous vous recommandons de ne pas lui donner ces informations.

5 1 Il n'y a rien sur les étagères.   **2** Il n'y a personne dans la salle de classe.   **3** Ils n'ont ni couteaux ni fourchettes.   **4** Il ne se lève jamais tard.

6 1 Non, nous n'allons pas au travail en bus. **2** Non, il ne fait pas la vaisselle.   **3** Non, je n'aime pas cuisiner.   **4** Non, je ne finis pas le gâteau.   **5** Non, nous ne voulons pas changer d'avis./Non je ne veux pas changer d'avis. **6** Non, ils ne lisent pas beaucoup.

7 1 Vous considérez le pour et le contre ?   Est-ce que vous considérez le pour et le contre ? Considérez-vous le pour et le contre ? **2** Ils veulent s'inscrire à la fac de droit ?   Est-ce qu'ils veulent s'inscrire à la fac de droit ? Veulent-ils s'inscrire à la fac de droit ? **3** Tu passes le bac cette année ?   Est-ce que tu passes le bac cette année ?   Passes-tu le bac cette année ?   **4** Elles ont pris le métro ?   Est-ce qu'elles ont pris le métro ?   Ont-elles pris le métro ?   **5** Vous êtes allés à l'office de tourisme ? Est-ce que vous êtes allés à l'office de tourisme ? Êtes-vous allés à l'office de tourisme ? **6** Ils sont montés sur la tour Eiffel ?   Est-ce qu'ils sont montés sur la tour Eiffel ?   Sont-ils montés sur la tour Eiffel ?

8 1 Cédric a-t-il raison ?   **2** L'appartement du rez-de-chaussée est-il libre ?   **3** Les enfants sont-ils encore à l'école ?   **4** Mon père va-t-il à la poste ?   **5** Ce mécanicien connaît-il bien son métier ?   **6** Ces produits ont-ils beaucoup de succès ?

Unité 27

1 1 tes   **2** vos   **3** ton   **4** ses   **5** ta   **6** leur.

2 1 mon – son   **2** sa   **3** votre   **4** notre – notre **5** ma   **6** mes.

3 1 Ses enfants son terribles.   **2** Son mari est architecte.   **3** Ses employés sont compétents. **4** Sa secrétaire parle allemand.   **5** Leur appartement est en vente.   **6** Leurs recherches n'ont abouti à rien.

4 **1** Un de ses cousins va dans ce lycée.
2 Une de mes collègues est absente.
3 Un de nos voisins a un perroquet.
4 Une de ses filles fête son anniversaire.
5 Un de leurs oncles est en déplacement.
6 Une de vos photos est floue.

5 **1** Son **2** Leur **3** Leur **4** Son **5** Ses **6** Son.

6 **1** Avez-vous mon passeport ? **2** Sa mère est sévère ? **3** Comment s'appelle ton cousin ?
4 Mes documents sont-ils prêts ? **5** Vos bagages sont arrivés ? **6** Leurs enfants veulent s'inscrire au tournoi ?

Unité **28**

1 **1** Cette – ce **2** Ce **3** Cette **4** Ce **5** Ce
6 Ce.

2 **1** Ce **2** Ces **3** Cette **4** Cet **5** Ces **6** Ces.

3 **1** Cette **2** Cet **3** Ces **4** Ce.

4 **1** Cette station de ski est bien équipée.
2 Cet arbre est à feuilles caduques.
3 Cette recette est facile à réaliser. **4** Ce projet est ambitieux. **5** Ce musée est fermé le lundi.
6 Ce journal est intéressant.

5 **1** cette – -ci – cette – -là **2** Ces – -ci
3 cette – -ci cette – -là **4** cette – -ci
5 Ce – -ci **6** Ces – -ci ces – -là.

Unité **29**

1 **1** c – f **2** e **3** d **4** a – b.

2 **1** Quels **2** quel **3** Quelle **4** quel.

3 **1** Quels **2** Quel **3** Quel **4** Quelles **5** Quelle
6 Quel.

4 **1** quel **2** Quelles **3** Quel **4** Quels **5** Quelle
6 Quelle.

5 **1** Quelle est votre voiture ? **2** De quel aéroport vous partez ? **3** Quel âge a-t-il ? **4** Quel pull tu préfères ? **5** Quelles langues ils parlent ?
6 Quel est son numéro ?

6 Quelle est ton adresse ? Quel est ton numéro de portable ? Quels sont tes loisirs préférés ? Quelles langues étrangères tu parles ?

Unité **30**

1 *Transcription de l'enregistrement* :
1 douze **2** sept **3** treize **4** quarante et un
5 cinquante **6** cent.
Solution : **1** b **2** a **3** a **4** c **5** b **6** c.

2 *Transcription de l'enregistrement* :
1 46 **2** 75 **3** 84 **4** 5 **5** 53 **6** 79.
Solution : **1** a **2** c **3** b **4** a **5** c **6** c.

3 *Transcription de l'enregistrement* :
1 soixante-dix **2** soixante-huit **3** quatre-vingt-quatre **4** quatre-vingt-dix **5** quatre-vingt-treize
6 cinquante-six.
Solution : **1** c **2** b **3** a **4** b **5** c **6** b.

4 *Transcription de l'enregistrement et solution* :
1 sept **2** dix **3** douze **4** quinze **5** vint-cinq
6 trente-huit **7** soixante-quinze **8** quatre-vingt-onze **9** 82.

5 *Transcription de l'enregistrement et solution* :
1 quinze **2** vingt-deux **3** trente et un
4 quarante-quatre **5** cinquante-huit **6** soixante
7 soixante-dix **8** soixante-treize **9** quatre-vingt-huit **10** quatre-vingt-dix-neuf **11** trois mille huit cents **12** un million.

6 *Transcription de l'enregistrement et solution* :
1 03 89 05 22 12 **2** 04 21 45 36 18
3 03 68 33 91 56 **4** 05 76 32 96 56
5 06 12 44 91 50 **6** 01 12 92 72 22.

7 *Transcription de l'enregistrement et solution* :
Depuis **1958**, le reblochon de Savoie bénéficie de l'appellation d'Origine Contrôlée et Protégée. Il faut en moyenne **4** litres de lait cru entier pour fabriquer un reblochon de **500** grammes.
Le reblochon est posé dans un séchoir **4** jours, avant d'être placé au moins **15** jours en cave d'affinage où il sera lavé et retourné régulièrement.
Il se présente sous la forme d'un cylindre plat de **14** cm de diamètre, environ **3** à **4** cm d'épaisseur). Le reblochon de Savoie est l'un des fromages moins gras avec seulement **25** % de matière grasse pour **100** grammes.

Unité **31**

1 **1** neuf heures quinze/ et quart **2** seize heures quarante-huit **3** huit heures cinq **4** vingt-trois heures quarante **5** vingt-deux heures trente
6 cinq heures quarante-cinq **7** trois heures dix
8 dix-sept heures trente-cinq.

2 *Transcription de l'enregistrement et solution :*
1 Est-ce que le train de **6 h 15** est en
retard ? **2** Le musée ferme à **18 h 00**.
3 Le train de **16 h 20** est annoncé avec dix
minutes de retard. **4** Ce magasin est ouvert sans
ininterruption de **9 h 30** à **21 h 00**.

3 *Transcription de l'enregistrement :*
1 Il est cinq heures et quart. **2** Il est neuf heures
vingt. **3** Il est onze heures cinq. **4** Il est dix
heures et demie. **5** Il est vingt-deux heures vingt.
6 Il est dix-sept heures trente-cinq.
Solution : **1** a **2** a **3** b **4** b **5** b **6** c.

4 **1** en **2** du – au **3** de – à **4** de – à **5** /
6 au.

6 *Transcription de l'enregistrement et solution :*
1 Marseille, le quatre décembre deux mille quatre.
2 Colmar, le seize mars mille neuf cent quatre-
vingt dix-huit. **3** Grenoble, le vingt-huit avril deux
mille six. **4** Rennes, le vingt et un mai deux mille.

BILAN 7

1 **A** **1** sa.
B **1** vos **2** mes.
C **1** leur.
D **1** ma **2** ma.

2 **1** Ces **2** Cette **3** Cet **4** Ce.

3 **1** Cet **2** ce **3** Ces **4** cette **5** Cette **6** ces
7 Ce **8** Cet.

4 **1** ce **2** son **3** cette **4** Ce **5** leur **6** Cet.

5 **1** Quel **2** Quels **3** Quelle **4** Quelles **5** Quels
6 quel.

6 **1** quatre **2** cinq **3** douze **4** sept **5** cinq
6 deux.

7 **1** six heures et demie **2** huit heures dix
3 onze heures trente **4** treize heures vingt
5 douze heures cinquante-trois **6** neuf heures
– dix-huit heures.

8 *Transcription de l'enregistrement et solution :*
1 L'Édit de Nantes a été signé en **1598**.
2 Henri IV a été assassiné en **1610**.
3 Le peuple Parisien a pris d'assaut la Bastille le
14 juillet **1789**. **4** La troisième République a
pris fin en **1946**. **5** Charles Martel a battu les
Arabes à Poitiers en **732**. **6** Le traité de
Versailles a été signé en **1919**.

COMMUNIQUER

1 Elle **2** Je **3** tu **4** je.

2 **1** moi **2** toi **3** elle **4** elle **5** nous.

3 **1** il y a **2** il pleut **3** y a du vent **4** Il faut
5 fait froid.

4 **1** mon **2** ton **3** cette **4** ma **5** mon **6** ma
7 mon **8** mon **9** mon **10** Cette **11** mes
12 tes **13** tes **14** cet **15** ton.

5 Quels sont tes loisirs préférés ? Quelle est ton
adresse ? Quel est ton numéro de portable ?
Quelles sont tes matières préférées ?
Quels sports tu pratiques ? Quelle est ta couleur
préférée ?

6 **1** Il y a un contrôle la semaine prochaine ?
2 Quels sont les horaires de la bibliothèque ?
3 Quels sont les ingrédients de la bûche de Noël ?
4 Est-ce que le Louvre est ouvert le lundi ?
5 Quelles langues parlez-vous ? **6** Tu as envie de
venir au bowling ?

7 **A** **1** Quel âge as-tu ? **2** D'où tu viens ?
3 Où habites-tu ? **4** Tu aimes Grenoble ?
B **1** Tu parles anglais ? **2** Tu parles espagnol
aussi ?
C **1** À quelle heure tu es rentré hier soir ?
2 Où tu es allé ? **3** Quel film vous avez vu ?
D **1** Tu viens à la plage ? **2** Qu'est-ce que tu
veut faire ?

8 Réponses libres.

9 *Transcription de l'enregistrement et solution :*
La Maison du Bois permet de découvrir l'univers
chaleureux de ce matériau en vogue. La visite
comprend : un espace d'exposition sur l'arbre et
la forêt, les acteurs locaux, le bois construction, le
mobilier… et un atelier où l'animateur réalise
devant le public une démonstration de tournage.
Prix d'entrée
Adulte : **4** euros.
Enfant de moins de **15** ans : **2,5** euros.
Enfant de moins de **5** ans : gratuit.
Billet « **7** sites » : **18** euros.
Ouverture : de septembre à juin, du mercredi au
samedi de **14 h 30** à **18 h 00** et juillet-août, tous
les jours de **15 h 00** à **18 h 30**.

La scierie : visite de la scierie hydraulique de Méolans, démonstration le jeudi matin en juillet et en août, à **10** heures (adulte **3** euros, **15** ans : **1,5** euros, gratuit – de **5** ans.)
Réservation au **04 92 37 25 40**.

10 **1** Du 3 juillet au 29 août. **2** De 9 h 15 à 17 h 15. **3** Oui. **4** Aux caisses. **5** 5 euros. **6** 6,50 euros. **7** 28 euros. **8** 10,80 euros.

Unité **32**

1 **1** l' **2** la **3** les **4** l' **5** l' **6** la.

2 **1** Il la lave. **2** Nous le faisons.
3 Tu les attends. **4** Ils le prennent.
5 Elle le prépare. **6** Ils ne l'apprécient pas.

3 **1** je ne le choisis pas. **2** nous le signalons.
3 elle la commande. **4** ils ne les prennent pas.
5 je ne les range pas. **6** elle le lit.

4 **1** Aidez-moi !/Ne m'aidez pas ! **2** Écoutons-les !/Ne les écoutons pas ! **3** Regarde-les !/Ne les regarde pas ! **4** Salue-la !/Ne la salue pas !
5 Lisons-les !/Ne les lisons pas ! **6** Préviens-le !/Ne le préviens pas !

5 **1** Il ne nous appelle pas demain. **2** Je ne les suis pas. **3** Ils ne vous connaissent pas bien.
4 Vous ne le dites pas. **5** Nous ne les comprenons pas. **6** Je ne t'écoute pas.

6 **1** Je veux le faire. **2** Il veut les finir. **3** Il faut la signaler. **4** Tu peux le faire. **5** Je vais les examiner. **6** Je veux le louer.

Unité **33**

1 **1** lui **2** lui **3** leur **4** me **5** t' **6** nous.

2 **1** Elle lui souhaite un bon anniversaire.
2 Je lui dis de continuer ce travail. **3** Nous leur téléphonons. **4** Il lui écrit une lettre recommandée. **5** Tu lui donnes des conseils.
6 Nous leur offrons ces réductions.

3 **1** je leur explique ta décision. **2** nous ne leur racontons pas cette histoire. **3** je ne leur avoue pas mon secret. **4** je lui montre mes papiers.
5 je lui donne rendez-vous. **6** je ne lui explique pas la leçon.

4 **1** Offre-leur des bonbons ! **2** Offrez-nous un café ! **3** Téléphone-moi ! **4** Dis-leur la vérité !
5 Écrivez-nous ! **6** Raconte-lui !

5 **1** Donnons-lui cette possibilité ! Ne lui donnons pas cette possibilité ! **2** Envoie-lui ces documents ! Ne lui envoie pas ces documents !
3 Annonçons-leur notre décision ! Ne leur annonçons pas notre décision ! **4** Expliquez-nous cette règle ! Ne nous expliquez pas cette règle ! **5** Dis-leur la vérité ! Ne leur dis pas la vérité ! **6** Écrivez-nous demain ! Ne nous écrivez pas demain !

6 **1** Ils ne nous ont pas proposé leur aide.
2 Elle ne lui a pas offert son aide. **3** Ils ne nous ont pas interdit de sortir. **4** Elle ne nous a pas envoyé beaucoup de mails. **5** Je ne vous ai pas promis de venir. **6** Ils ne nous ont pas raconté la même version.

Unité **34**

1 **1** se **2** nous **3** se **4** vous **5** te **6** se
7 me **8** se.

2 **1** se lèvent **2** m'ennuie **3** se repose **4** nous absentons **5** vous garez **6** ne te peignes pas.

3 **1** te **2** vous **3** toi **4** vous **5** nous **6** toi.

4 **1** Asseyez-vous ! Ne vous asseyez pas !
2 Absente-toi ! Ne t'absente pas ! **3** Méfions-nous ! Ne nous méfions pas ! **4** Amuse-toi ! Ne t'amuse pas ! **5** Peignez-vous ! Ne vous peignez pas ! **6** Installons-nous ! Ne nous installons pas !

5 **1** Il ne se sent pas bien quand il la voit.
2 Je ne me prépare pas pour mon rendez-vous.
3 Tu ne te baignes pas avec moi ? **4** Il ne s'est pas installé dans ce studio hier. **5** Ils ne se sont pas excusés pour le retard. **6** Elles ne se sont pas tues quand il est entré.

6 **1** Nous voulons nous reposer. **2** Il faut se dépêcher. **3** Tu dois t'habiller. **4** Elle va se réveiller. **5** Vous pouvez vous tromper. **6** Il faut se préparer.

Unité **35**

1 **1** y **2** y **3** en **4** en **5** y **6** en.

2 **1** Ils en boivent deux litres par jour.
2 Elle en mange. **3** Vous en parlez ?
4 Nous en achetons. **5** Vous en voulez ?
6 J'en veux.

3 1 Tu y vas le week-end ?   2 J'y crois.
3 Nous y tenons beaucoup.   4 Elles y pensent.
5 Ils y vont au mois de mars.   6 Elle y réfléchit.

4 1 e y   2 f en   3 a y   4 b y   5 d en   6 c en.

BILAN 8

1 1 le   2 les   3 me   4 l'   5 te   6 les.

2 1 s'   2 me   3 se   4 vous   5 me   6 se.

3 1 les   2 la   3 l'   4 m'   5 vous   6 t'.

4 1 lui   2 leur   3 me   4 m'   5 leur   6 lui.

5 1 nous   2 se   3 vous   4 se   5 t'   6 toi.

6 1 en   2 y   3 y   4 en   5 en   6 en.

7 1 leur – les   2 le   3 y   4 lui   5 en   6 en.

8 1 Je lui prête ma raquette.   2 Je l'attends.
3 Je lui envoie un mail.   4 Je la mange.
5 Nous les acceptons.   6 Il lui dit bonjour.

9 1 Je les achète pour ma sœur.   2 Je leur
raconte une histoire.   3 Nous lui posons des
questions.   4 Elle le nettoie de fond en comble.
5 Nous l'annonçons à mes parents.
6 Elle lui communique ça.

10 1 Elle les embrasse tous les soirs.
2 Nous les mangeons.   3 Ils l'ouvrent le mois
prochain.   4 Je les achète dans un magasin.
5 Nous la proposons à nos amis.
6 Elle leur rend un service.

11 1 Ils vont en prendre.   2 Ils vont en parler.
3 Vous allez y aller.   4 Nous allons y habiter.
5 Ils vont y penser.   6 Elles vont en boire.

COMMUNIQUER

1 **A** 1 les   2 m'.
B 1 l'   2 l'.
C 1 le   2 le   3 le.
D 1 les   2 les.

2 **A** 1 me   2 me   3 lui   4 lui   5 moi.
B 1 te   2 te.
C 1 m'   2 moi   3 m'   4 moi.
D 1 t'   2 te   3 lui   4 te   5 me.

3 **A** 1 leur   2 les   3 leur   4 les   5 les.
B 1 me   2 le   3 l'   4 l'   5 le.
C 1 leur   2 la   3 vous   4 en   5 vous   6 me
7 les.

4 1 me   2 me   3 m'   4 me   5 me   6 s'.

5 1 Brossez-vous les dents avant d'aller dormir !
2 Ne te maquille pas pour aller à l'école !
3 Le dimanche, je me lève à…   4 Ne vous garez
pas devant mon garage !   5 Je m'habille toujours
à la mode.   6 Prépare-toi parce qu'il est tard !

6 1 y   2 en   3 y   4 en.

7 Réponses libres. **Propositions** : 1 Tu as voyagé en
Europe ? Oui, j'en ai fait beaucoup. Tu as été à
Rome ? Oui, j'y suis allé en 2008. Tu as été à
Prague ? Non, je n'y suis pas encore allé.
2 Tu as des chiens ? Oui, j'en ai deux. Tu as aussi
des poissons rouges ? Oui, j'en ai cinq.

Unité 36

1 *Transcription de l'enregistrement et solution :*
1 six verres   2 huit_arbres   3 deux_hommes
4 deux femmes   5 sept roses   6 trois_affiches
7 dix magazines   8 six_escargots.

2 *Transcription de l'enregistrement :*
1 Sept pièces.   2 Neuf heures.   3 Dix minutes.
4 Deux jours.   5 Sept produits.
6 Trois_exercices.
Solution : 1 N   2 O   3 N   4 N   5 N   6 O.

4 *Transcription de l'enregistrement et solution :*
A – Dépêchez-vous ! Il est déjà **sept** heures
et demie !
– À quelle heure commence la séance ?
– À **huit** heures et demie.
B – Tu pars quand ?
– Je pars le **six** avril.
– Et tu rentres quand ?
– Le **sept** mai.
C – Vous voulez combien de baguettes ?
– **Deux**. Je prends aussi des croissants.
– Combien vous en voulez ?
– **Trois**, s'il vous plaît.

Unité 37

1 1 premier   2 troisième   3 cinquième
4 vingtième   5 deuxième   6 quatrième.

2 *Transcription de l'enregistrement :*
  1 19e **2** 3e **3** 11e **4** 17e **5** 4e **6** 12e.
  Solution : **1** a **2** a **3** b **4** b **5** a **6** b.

3 *Transcription de l'enregistrement et solution :*
  1 5e **2** 18e **3** 3e **4** 8e **5** 9e **6** 17e **7** 1er
  8 11e.

4 **1** neuvième **2** dixième **3** dix-septième
  4 sixième **5** cinquième **6** soixante-dixième.

5 **1** quinzième **2** dixième **3** vingtième
  4 troisième **5** treizième **6** dix-neuvième.

6 *Transcription de l'enregistrement :*
  1 33e **2** 50e **3** 20e **4** 100e **5** 72e **6** 63e.
  Solution : **1** b **2** c **3** a **4** b **5** c **6** a.

7 **1** Henri deux **2** Louis seize **3** Napoléon
  premier **4** Sixte Quint **5** Charles Quint
  6 Charles dix.

8 *Transcription de l'enregistrement et solution :*
  1 57e **2** 78e **3** 23e **4** 90e **5** 60e **6** 18e.

Unité 38

1 **1** Le Rhin fait 1 236 km de long. Le Rhin a une
  longueur de 1 236 km. Le Rhin est long de
  1 236 km. **2** Le Danube fait 2 905 km de long.
  Le Danube a une longueur de 2 905 km.
  Le Danube est long de 2 905 km. **3** Le mont
  Blanc fait 4 810 m de haut. Le mont Blanc a une
  hauteur de 4 810 m. Le mont Blanc est haut de
  4 810 m. **4** Ce tapis fait trois mètres de large.
  Ce tapis est large de trois mètres. Ce tapis a une
  largeur de trois mètres. **5** Ce mur fait six mètres
  de haut. Ce mur est haut de six mètres.
  Ce mur a une hauteur de six mètres.
  6 Cette pièce fait quatre mètres de long.
  Cette pièce a une longueur de quatre mètres.
  Cette pièce est longue de quatre mètres.

2 *Transcription de l'enregistrement et solution :*
  1 Lola mesure 1 m 10. **2** Maxime mesure
  2 m 15. **3** Julie mesure 1 m 50. **4** Ludovic
  mesure 1 m 80.

3 **1** trente **2** vingt-cinq **3** vingt-huit
  4 trente-sept.

4 **1** vingt-cinq euros **2** cent cinquante euros
  3 un euro cinquante **4** deux euros vingt.

Unité 39

2 *Transcription de l'enregistrement :*
  1 3 x 7 = 21 **2** 5 x 5 = 25
  3 70 – 10 = 60 **4** 35 + 45 = 80
  5 124 : 2 = 62 **6** 10 : 2 = 5.
  Solution : **1** c **2** b **3** b **4** a **5** a **6** a.

3 **1** Sept plus trois égale dix. **2** Vingt-sept moins
  douze égale quinze. **3** Vingt fois trois égale
  soixante. **4** Trente-quatre divisé par deux égale
  dix-sept. **5** Quatre-vingts divisé par quatre égale
  vingt. **6** Trois fois trois égale neuf.

4 **1** une dizaine **2** une douzaine **3** une vingtaine
  4 une trentaine **5** une quarantaine
  6 environ soixante-dix **7** environ quatre-vingts
  8 une centaine **9** une cinquantaine
  10 une quinzaine.

5 *Transcription de l'enregistrement et solution :*
  1 ¾ **2** $\frac{1}{7}$ **3** $\frac{1}{10}$ **4** ¼ **5** $\frac{3}{5}$ **6** ¼.

6 *Transcription de l'enregistrement et solution :*
  1 20 % **2** 45 % **3** 10 % **4** 12 % **5** 35 %
  6 18 %.

7 **1** deux cinquièmes **2** un dixième
  3 trois huitièmes **4** un septième
  5 deux cinquièmes **6** trois quarts.

BILAN 9

1 *Transcription de l'enregistrement et solution :*
  1 six stylos **2** huit assiettes **3** deux arbres
  4 deux cahiers **5** trois clés **6** dix poissons.

2 *Transcription de l'enregistrement :*
  1 Je rentre à six heures. **2** Je passe six jours à
  Paris. **3** Il achète cinq baguettes.
  4 Cette fille a sept ans. **5** Il a trois CD de ce
  groupe. **6** J'achète deux pots de confiture.
  7 J'ai rendez-vous à deux heures.
  8 Son père a quatre-vingts ans !
  Solution : **1** O **2** N **3** N **4** O **5** N **6** N
  7 O **8** O.

3 **1** troisième **2** treizième **3** deuxième
  4 dixième **5** douzième **6** dix-neuvième.

4 **1** quarante-troisième **2** soixantième
  3 quatre-vingt-dixième **4** soixante-douzième
  5 centième **6** millième.

5 **1** huitième **2** troisième **3** vingt-cinquième
  4 quatrième **5** onzième **6** vingt-septième.

6 **1** onzième siècle   **2** dix-neuvième siècle
3 Charles Quint   **4** Louis neuf   **5** vingt et
unième siècle   **6** Henri deux.

7 **1** Ce tableau mesure 2 m sur 4.   **2** Ce gratte-
ciel fait 142 m de haut.   **3** Ce garçon mesure
1,85 m.   **4** Cette piscine est longue de 4 m.

9 **1** dizaine   **2** douzaine   **3** quinzaine
4 trentaine   **5** quarantaine   **6** cinquantaine.

10 **1** quarante-sept euros vingt-cinq, trente pour
cent de réduction   **2** vingt-cinq euros, vingt-cinq
pour cent de réduction   **3** quinze euros,
cinquante pour cent de réduction   **4** trente
euros, vingt pour cent de réduction.

Unité **40**

1 **1** complètement   **2** Peu à peu   **3** moins de
4 très   **5** trop   **6** Combien de.

2 **1** moins de   **2** bien des   **3** très   **4** tant
5 trop   **6** si.

3 **1** beaucoup de   **2** beaucoup   **3** très
4 beaucoup d'   **5** beaucoup   **6** très.

4 **1** très   **2** assez d'   **3** presque   **4** beaucoup de.

5 **1** très   **2** Combien   **3** Combien d'   **4** bien des
5 beaucoup   **6** peu de   **7** moins de   **8** plus de.

Unité **41**

1 **1** ci-inclus   **2** nulle part   **3** là-bas   **4** au milieu
5 d'en face   **6** dehors.

2 **1** dehors   **2** ici   **3** partout   **4** y   **5** où   **6** loin.

3 **1** y   **2** par ici   **3** ci-contre   **4** dedans   **5** en
haut   **6** dehors.

4 Réponses libres. **Propositions** : Le supermarché
est à droite. La mairie est à gauche. Le parking est
à l'extérieur. Il y a un square avec, au milieu, une
statue. Dans le square, à l'intérieur, il y a des
bancs.

Unité **42**

1 **1** aux   **2** depuis   **3** À   **4** chez   **5** Dans
6 derrière.

2 **1** à   **2** de   **3** à   **4** aux   **5** à   **6** au.

3 **1** du   **2** de – à   **3** à   **4** à   **5** du – au
6 de – à.

4 **1** à   **2** avant   **3** Chez   **4** avec   **5** à   **6** de.

5 **1** e   **2** f   **3** a   **4** b   **5** c   **6** d.

Unité **43**

1 **1** Entre   **2** jusqu'à   **3** envers   **4** vers   **5** pour
6 Parmi.

2 **1** par   **2** parmi   **3** Sur   **4** voici   **5** sur
6 Entre.

3 **1** en   **2** jusqu'à   **3** entre   **4** en   **5** pour
6 Par.

4 **1** Parmi   **2** sous   **3** sur   **4** sous   **5** pour
6 sans.

5 **A** sur   **B** Par   **C** en   **D** pour.

BILAN **10**

1 **1** au   **2** Dans   **3** pendant   **4** vers   **5** Entre
6 parmi.

2 **1** beaucoup de   **2** très   **3** beaucoup
4 beaucoup de   **5** très   **6** beaucoup.

3 **1** trop   **2** assez de   **3** peu   **4** assez de   **5** trop
6 peu de.

4 **1** ci-dessous   **2** partout   **3** dehors   **4** dedans
5 quelque part   **6** à l'intérieur.

5 **1** Combien de   **2** Environ   **3** autant de
4 peu de   **5** assez   **6** encore   **7** très.

6 **1** sur   **2** sous   **3** parmi   **4** entre   **5** devant
6 derrière.

7 **A** **1** à   **2** en   **3** En   **4** jusqu'à.
B **1** avec   **2** en   **3** dans   **4** à   **5** jusqu'à.

8 Réponses libres. **Propositions** : Les assiettes sont
dans le lave-vaisselle. La bouteille d'eau est sur la
table. Les verres sont sur l'évier.

COMMUNIQUER

1 *Transcription de l'enregistrement* :
– Vous êtes nouveau dans cet immeuble ?
– Oui, je m'appelle Patrick Germain et j'habite au
rez-de-chaussée.
– Moi, je m'appelle Marc Duvadiau et j'habite au
troisième étage. Vous connaissez d'autres locataires ?
– Pour l'instant, je ne connais que madame
Dubois qui habite au quatrième étage et Albert
Saverne, qui est son voisin de palier. Vous savez

où habite la jeune femme rousse qui se promène souvent avec son caniche ?

– Ah, c'est Karine Chapuis, elle habite au sixième étage. C'est une amie de Julie Duprat qui habite au cinquième.

– Qui est-ce qui joue du piano ? J'entends souvent jouer quelqu'un le soir.

– Oh, c'est Maxime Mechkal, il habite au deuxième étage, c'est pour ça que vous l'entendez jouer. C'est un passionné de musique !

Solution : **1** Quatrième étage. **2** Troisième étage. **3** Sixième étage. **4** Cinquième étage. **5** Quatrième étage. **6** Deuxième étage.

2 *Transcription de l'enregistrement :*

1 – Combien coûte ce tee-shirt gris ?
– 20 euros.
– Il est très joli, vous l'avez aussi en d'autres couleurs ?
– Oui, nous l'avons aussi en bleu, en blanc et en rouge.

2 – Je voudrais essayer la robe dans la vitrine.
– La robe sans manches ?
– Oui.
– La voilà, madame.
– Combien elle coûte ?
– 48 euros.

3 - Combien coûte la petite robe noire ?
– 55 euros. Vous voulez l'essayer ?
– Oui, merci.
– Quelle est votre taille ?
– 38.

4 – Je peux essayer ce pull ?
– Bien sûr. Quelle taille il vous faut ?
– S. Il coûte combien ?
– 75 euros.

Solution : **1** B **2** A **3** D **4** C.

3 *Transcription de l'enregistrement :*
– Musée Bonnard, bonjour !
– Bonjour, madame. Je voudrais faire visiter le musée à mes élèves. Combien coûte l'entrée ?
– Notre tarif est de 5 euros par personne, mais pour les scolaires, il y a un tarif réduit : 2,50 euros.
– Merci madame, au revoir.
– Au revoir.

Solution : Plein tarif : 5 euros, Tarif réduit : 2,5 euros.

5 *Transcription de l'enregistrement :*
– Piscine municipale, bonjour !
– Bonjour madame ! Je voudrais savoir le prix d'une entrée.
– Oui, alors, l'entrée à la piscine coûte 2,45 pour les adultes et 1,65 pour les moins de 18 ans.
– Merci, vous êtes ouverts tous les jours ?
– Oui, tous les jours, sauf le dimanche.

Solution : Adultes : 2,45 euros, Enfants (– 18 ans) : 1,65 euros, Fermé le : dimanche.

5 **A** deux tiers – un tiers **B** trois quarts **C** un quart.

6 **A** **1** ci-joint.
B **1** partout **2** nulle part **3** là-haut **4** à gauche.
C **1** y.
D **1** dehors **2** à l'intérieur.
E **1** quelque part.

7 **1** à gauche **2** au milieu **3** en face **4** loin.

8 **A** **1** très **2** beaucoup de **3** beaucoup.
B **1** Combien d' **2** peu **3** plus d'.
C **1** environ.

9 **A** **1** aux **2** avec **3** en **4** au **5** du **6** au **7** en **8** en.
B **1** vers **2** devant **3** en **4** jusqu'à **5** de.
C **1** chez **2** avec **3** aux **4** avec **5** au.

Unité **44**

1 **1** s **2** s **3** e **4** es **5** e **6** s.

2 **1** c **2** g **3** h **4** d **5** e **6** j **7** i **8** f **9** b **10** a.

3 **1** allé **2** eu **3** chanté **4** choisi **5** rendu **6** connu **7** dit **8** dormi **9** écrit **10** été **11** fait **12** maigri **13** offert **14** permis **15** porté **16** pris **17** répondu **18** sorti **19** venu **20** vécu **21** voulu.

Unité **45**

1 **1** s **2** e **3** s **4** es **5** e **6** es.

2 **A** **1** / **2** s **3** / **4** /.
B **1** / **2** s **3** / **4** /.
C **1** / **2** es **3** / **4** /.

3 **1** est sorti **2** sont arrivées **3** ont mangé **4** ai fait **5** sommes resté(e)s **6** avez préparé.

4 **1** êtes-vous restée longtemps ? **2** vous êtes-vous levé de bonne heure ? **3** avez-vous été à Paris ? **4** avez-vous choisi votre dessert ? **5** vous êtes-vous promenée dans le parc ? **6** vous êtes-vous couché tôt ?

5 **1** Oui, nous l'avons garée. **2** Oui, je l'ai aimé. **3** Oui, ils l'ont visitée. **4** Oui, nous l'avons fini. **5** Oui, c'est moi qui les ai préparées. **6** Oui, elle les a faits.

Unité **46**

1 **1** / **2** es **3** / **4** e **5** / **6** /.

2 **1** Vous avez acheté des revues ? **2** Ils ont regardé un film à la télé. **3** Elle est sortie avec ses amis. **4** J'ai parlé avec le directeur. **5** Nous sommes arrivés en retard. **6** J'ai travaillé avec lui. **7** Tu as pris une tarte Tatin. **8** Vous avez reçu beaucoup de mail.

3 **1** Elle n'est pas partie en vacances avec lui. **2** Ils n'ont pas été contents de leurs résultats. **3** Il n'a pas mangé toute la glace à la vanille. **4** Nous n'avons pas visité le Louvre. **5** Je n'ai pas pris mon petit déjeuner très tôt. **6** Il n'a pas fait beau toute la journée.

4 **1** J'ai tout fini en temps et en heure. **2** Vous avez beaucoup attendu. **3** Elle a assez mangé. **4** Il a peu travaillé au bureau. **5** J'ai trop dormi à l'hôtel. **6** Nous n'avons rien compris.

5 **1** Ont-ils voyagé à l'étranger ? **2** Ta sœur parle-t-elle allemand ? **3** Le professeur de maths est-il absent ? **4** Avez-vous pris le métro ? **5** A-t-il répondu à vos questions ? **6** S'est-elle réveillée tôt ?

Unité **47**

1 **1** avons **2** est **3** s'est **4** ai **5** est **6** ai.

2 **1** est **2** est **3** as **4** est **5** ai **6** sommes.

3 **1** avons **2** suis **3** est **4** avons **5** êtes **6** est.

4 **1** avez **2** a **3** a **4** a **5** a **6** a.

5 **1** a **2** êtes **3** a **4** As **5** es **6** as **7** a **8** est.

6 **1** Il a mangé comme quatre. **2** Elle a trop maigri. **3** Ils ont vécu à Paris. **4** Le film a duré deux heures. **5** Le prix du gaz a augmenté. **6** J'ai connu peu de gens.

7 **1** Tu as su deviner la réponse. **2** Elle a voulu rentrer avant minuit. **3** Nous avons dû partir en avion. **4** Elles ont voulu aller au cinéma. **5** Ils ont dû changer de travail **6** J'ai su trouver une solution.

Unité **48**

1 **1** se lave **2** se maquillent **3** vous excusez **4** nous dépêchons **5** t'ennuies **6** me méfie.

2 **1** se téléphonent **2** s'écrivent **3** se reconnaissent **4** vous aidez **5** nous absentons **6** s'habillent.

3 **1** s **2** e **3** / **4** e **5** es **6** /.

4 **1** Nous ne nous sommes pas blessés. **2** Elle ne s'est pas méfiée de ses amis. **3** Ils ne se sont pas ennuyés. **4** Elle ne s'est pas tue. **5** Ils ne se sont pas aperçus de leur erreur. **6** Je ne me suis pas réveillée à l'aube.

5 **1** s'approche – s'est approchée **2** m'aperçois – me suis aperçu(e) **3** se souviennent – se sont souvenus **4** se peigne – s'est peignée **5** nous évanouissons – nous sommes évanouis **6** s'enfuit – s'est enfui.

6 **1** b Brosse-toi les dents ! **2** c Taisez-vous ! **3** d Dépêchez-vous ! **4** a Ne te plains pas ! **5** f Relève-toi ! **6** e Approchez-vous !

BILAN **11**

1 **1** es **2** / **3** / **4** s **5** / **6** /.

2 **1** / **2** / **3** / **4** e **5** s **6** / **7** / **8** /.

3 **1** e **2** es **3** e –/ **4** / **5** / **6** es.

4 **1** es **2** es **3** s **4** e **5** s **6** s.

5 **1** / **2** e **3** es **4** / **5** (e)s **6** es **7** s **8** /.

6 **1** ont **2** a **3** a **4** ont **5** a **6** est **7** est **8** ont.

7 **1** a parlé **2** avons pris **3** avez choisi **4** n'a pas vu **5** n'ai pas reçu **6** n'as pas lu.

8 **1** ont terminé **2** avons présenté **3** a plu **4** a fallu **5** n'y a pas eu **6** avez fini.

9 1 nous sommes promené(e)s   2 s'est rendu compte   3 ne s'est pas souvenue   4 s'est méfié   5 nous sommes efforcés   6 se sont plaintes.

10 1 s'est levée   2 s'est lavée – s'est peignée – s'est préparée   3 se sont tus   4 se sont aperçus   5 s'est absentée   6 nous sommes souvenu(e)s   7 se sont échappés   8 vous êtes moqué(e)s.

11 1 Ce film m'a plu.   2 Le vol a duré une heure.   3 Les prix ont augmenté une heure.   4 Il a cessé de neiger.   5 Le taux d'inflation a diminué.   6 Il a changé de costume.

12 1 Tu n'es pas sorti(e) avec lui ?   2 Nous ne nous sommes pas garé(e)s ici.   3 Vous avez répondu immédiatement.   4 Ils sont allés tout droit.   5 Nous avons tourné à droite.   6 Nous avons continué par là.

Unité 49

1 1 Quand est-ce qu'elle part ? Quand part-elle ?   2 Où est-ce que tu passes tes vacances ? Où passes-tu tes vacances ?   3 Combiens est-ce que tu l'as payé ? Combien l'as-tu payé ?   4 Comment est-ce que tu es rentré ? Comment es-tu rentré ?   5 Où est-ce qu'elle travaille ? Où travaille-t-elle ?   6 Quand est-ce que tu l'as vu ? Quand l'as-tu vu ?

2 1 Où   2 Pourquoi   3 Où   4 Quand   5 Combien   6 Pourquoi.

3 1 Qui   2 Qu'est-ce que   3 Quel   4 Quels   5 lequel   6 Quelles.

4 1 qu'est-ce qui e   2 que f   3 lequel a   4 quels b   5 comment c   6 pourquoi d.

5 1 Qui as-tu rencontré ?   2 Où tu l'as rencontré ?   3 Avec qui il était ?   4 Combien de temps vous avez parlé ?   5 Qu'est-ce que tu as fait ?   6 Comment tu y es allée ?   7 Quand est-ce qu'on y va ?   8 À quel étage tu habites ?

Unité 50

1 1 C'est   2 Ce sont   3 C'est   4 Ce sont   5 C'est   6 Ce sont.

2 1 C'est + nom avec déterminant.   2 C'est + nom avec article contracté.   3 C'est + nom propre.   4 C'est + pronom.   5 C'est + adverbe.   6 C'est + nom avec adjectif possessif.

3 1 Ce sont des dictionnaires d'espagnols.   2 Ce sont les voisins du sixième.   3 Ce sont des voisins sympas.   4 Ce sont les profs de Marie.   5 Ce sont les cahiers de Lélie.   6 Ce sont des décisions importantes.

4 *Transcription de l'enregistrement* :   1 C'est une tortue.   2 C'est un caniche.   3 Ce sont des touristes japonais.   4 Ce sont des baskets.
Solution : 1 V   2 F C'est un berger allemand.   3 V   4 Ce sont des chaussures à talon.

5 1 C'est à Grenoble qu'ils habitent.   2 C'est demain qu'elle part.   3 C'est le gratin que nous aimons.   4 C'est dans cette salle de gym que je vais.   5 C'est à Karine qu'il pense.   6 C'est ce projet que nous examinons.

Unité 51

1 1 Il   2 Elles   3 Il   4 Il   5 Elle   6 Ils.

2 1 Elles sont   2 Il est   3 Ils sont   4 Il est.

3 1 Il est jardinier.   2 Il est Brésilien.   3 Il est peintre.   4 Il est taôiste.   5 Il est indien.   6 Il est pompier.

4 1 Il est important d'apprendre une langue étrangère.   2 Il est intéressant de voyager.   3 Il est difficile de trouver une solution.   4 Il est juste de dire la vérité.   5 Il est inutile d'insister.   6 Il est dangereux de fumer.

Unité 52

1 1 ons   2 a   3 ez   4 ont   5 ai   6 as.

2 1 je mettrai   2 je viendrai   3 j'attendrai   4 je finirai   5 je lirai   6 je prendrai.

3 1 J'irai   2 Nous irons   3 Il devra   4 Tu choisiras   5 Je voudrai   6 Vous direz.

4 1 Elle viendra vers six heures.   2 Je ne rentrerai pas après dix heures.   3 Ils feront plusieurs randonnées.   4 Nous serons à Paris du 1er au 15 mai.   5 Tu auras beaucoup de preuves contre lui.   6 Vous partirez en congés.

5 1 irai   2 ferons   3 aura   4 visiterons   5 nous baignerons   6 découvrirons   7 achèterons   8 nous relaxerons   9 dégusterons   10 verrons   11 m'amuserai   12 téléphonerai   13 raconteras.

6 1 ferai 2 déjeunerai 3 utiliserai 4 porterai
5 mettrai 6 bronzerai 7 sortirai 8 porterai.

Unité 53

1 1 je sortais – nous sortions 2 je venais – nous venions 3 j'écrivais – nous écrivions
4 je devais – nous devions 5 je disais – nous disions 6 je prenais – nous prenions.

2 1 étaient – vivaient 2 habitions – prenions
3 voulait 4 sortait 5 travaillait – se levait
6 lisaient – étaient.

3 1 je croyais – nous croyions O 2 je dégageais
– nous dégagions O 3 je déplaçais – nous déplacions O 4 j'entendais – nous entendions N
5 j'envoyais – nous envoyions O
6 je lisais – nous lisions O 7 je riais – nous riions O 8 je traçais – nous tracions O.

4 Elle faisait du patinage. Elle faisait du ski. Elle jouait au tennis. Elle suivait un cours de danse.

Unité 54

1 1 Ils viennent de finir leurs devoirs de français.
2 Elle vient de sortir avec ses amis.
3 Je viens de refaire les lits des enfants.
4 Tu viens de ranger tes vêtements.
5 Vous venez de passer à la poste.
6 Elle vient de prendre une décision importante.

2 1 Ils sont en train d'écourter de la musique.
2 Elle est en train de prendre une douche.
3 Je suis en train de passer l'aspirateur.
4 Nous sommes en train de suivre un cours d'espagnol. 5 Tu es en train de prendre ton petit déjeuner ? 6 Il est en train de surfer sur Internet.

3 1 Il va suivre ce stage d'informatique.
2 Nous allons participer au tournoi de foot.
3 Ils vont faire un voyage au Maroc en juin.
4 Le train va partir en retard de la gare.
5 Nous allons discuter de ce problème.
6 Vous allez prendre un taxi pour rentrer.

4 1 Il vient de glisser sur une peau de banane.
2 Ils sont en train de jouer au volley-ball.
3 Elle va faire les courses au supermarché.
4 Il est en train de pleuvoir

Unité 55

1 1 ais 2 ait 3 ions 4 iez 5 ais 6 aient.

2 1 Ils pourraient 2 Tu visiterais 3 Je prendrais
4 Ils sortiraient 5 Nous regarderions
6 Vous voudriez.

3 1 Ils pourraient 2 Tu réfléchirais 3 Il faudrait
4 Nous serions 5 Je dirais 6 Vous iriez.

4 1 viendraient 2 voudriez 3 aimerait 4 ferais
5 préférerais 6 devrait.

5 1 renoncerais 2 pourraient 3 accepterait
4 voudrait 5 saurais 6 devriez.

6 1 b irions 2 c ferais 3 d laisserait 4 f serais
5 a viendrais 6 e pourrais.

7 Réponses libres.

BILAN 12

1 Il apportait le courrier. Il faisait beaucoup de randonnées. Il faisait beaucoup de sport.
Il passait beaucoup de temps avec sa famille.
Il passait ses week-ends à la campagne.
Il faisait du ski et du volley-ball. Il travaillait à la poste.

2 **A** 1 dirais 2 devrais.
B 1 pourriez 2 feriez 3 sauriez.

3 1 Où sont allés Manon et Léo ? Quand Manon et Léo sont-ils allés au bowling ? Avec qui Manon et Léo sont-ils allés au bowling ? 2 Où est allé Julien ? Comment Julien est-il allé à l'aéroport ?
3 Où ont-ils dîné ? Avec qui ont-ils dîné ?
4 Où est-ce qu'ils ne vont pas ? Pourquoi ils ne vont pas au concert ?

4 1 Elle vient de prendre une douche il y a un quart d'heure. 2 Il est en train de bricoler dans le garage. 3 Le film va finir dans quelques minutes. 4 Elle vient de parler avec Jean il y a quelques instants. 5 Je vais téléphoner à Léna dans quelques instants. 6 En ce moment, il est en train d'écrire une lettre à son ami.

5 1 Mes collègues sont en train de parler d'un dossier délicat. 2 Le directeur vient de partir il y a cinq minutes. 3 Elle va préparer une quiche pour le repas. 4 Vous allez être contents de le revoir demain.   **5** Elle est en train de garer sa voiture.   **6** Elle vient de lui annoncer la nouvelle il y a dix minutes.

6 **1** ferons   **2** sera   **3** viendrons   **4** passera   **5** attendra   **6** enverrez.

7 **1** b ne pourra pas   **2** d aura   **3** f aura   **4** a ne sera pas   **5** c ratera   **6** e n'ira pas.

8 **1** va partir   **2** est en train de dormir   **3** vient de sortir   **4** sont en train de jardiner   **5** vais lui demander   **6** va y avoir.

Unité **56**

1 **1** qui   **2** qui   **3** que   **4** que   **5** qui   **6** que.

2 **1** que   **2** où   **3** dont   **4** qui   **5** qui   **6** où.

3 **1 a** que   **b** où   **c** dont   **d** qui   **2 a** qui   **b** où   **c** dont   **d** que   **3 a** dont   **b** où   **c** qui   **d** où   **4 a** que   **b** qui   **c** où   **d** dont.

4 **1** qui   **2** qui   **3** où   **4** dont   **5** qu'   **6** que.

5 **1** La fille qui veut s'inscrire au cours de chant n'a pas laissé son numéro de téléphone.
2 Je veux aller voir le film dont tu m'as parlé.
3 Elle a préparé un gâteau que les enfants ont mangé tout de suite.   **4** Je vais dans une salle de gym qui est très bien équipée.   **5** Je dois faire des exercices de maths qui sont très difficiles.
6 Elle a loué un studio qui donne sur la mer.

Unité **57**

1 **1** les tiens   **2** le mien   **3** la tienne   **4** le vôtre   **5** les miennes   **6** les leurs.

2 **1** Ma mallette est en cuir, la sienne est en plastique.   **2** Mon chien est un caniche, le sien est un berger allemand.   **3** Mon appartement est au rez-de-chaussée, le leur est au dernier étage.   **4** Mon lycée est dans le centre ville, le tien est dans la banlieue.   **5** Nos valises sont déjà dans le train, les vôtres sont encore sur le quai.
6 Ma fille est calme, la sienne fait beaucoup de bruit.

3 **A** **1** le tien   **2** le mien.
B **1** la mienne   **2** la tienne.
C **1** les tiennes   **2** les miennes.
D **1** la sienne.

4 **1** C'est sa voiture. C'est la sienne.   **2** Ce sont ses CD. Ce sont les siens   **3** C'est son perroquet. C'est le sien.   **4** Ce sont tes baskets. Ce sont les tiennes.   **5** c'est mon Smartphone. C'est le mien.   **6** Ce sont ses dossiers. Ce sont les siens.

Unité **58**

1 **1** celui   **2** celle   **3** celui   **4** ceux   **5** celle   **6** celle.

2 **1** Celle-ci est géniale.   **2** Ceux-ci sont bio.   **3** Celle-ci est amusante.   **4** Celui-ci est bien équipé.   **5** Celles-ci sont intéressantes.   **6** Celui-ci est ennuyeux.

3 **1** celles-là   **2** celle-là   **3** celle-là   **4** celui-là   **5** ceux-là   **6** celui-là.

4 **1** J'achète le bleu.   **2** Je préfère le large   **3** Je veux l'orangé.   **4** Je prends la M.   **5** Je mets le noir.   **6** Je bois un thé.

5 **1** celui   **2** celui-là   **3** ceux-là   **4** celui   **5** celle-ci – celle-là   **6** celui.

Unité **59**

1 **1** Vous ne comprenez pas ça ?   **2** Ça va ?   **3** Tu n'aimes pas ça ?   **4** Je veux acheter ça !

2 **1** Cela/Ça   **2** ce qui   **3** Ce que   **4** ça – ça   **5** ça   **6** ce dont.

3 **1** b ce dont   **2** c ce que   **3** d ce qui   **4** a ce qu'   **5** f ce qui   **6** e ce qu'.

4 **1** Ceux   **2** ça   **3** celui   **4** ce qu'   **5** Cela/C'   **6** ceux.

BILAN **13**

1 **1** qui   **2** que   **3** qui   **4** qui   **5** que   **6** que.

2 **1** où   **2** que   **3** où   **4** qui   **5** dont   **6** qui.

3 **1** ce qu'   **2** celle   **3** ce dont   **4** celle   **5** ce qu'   **6** ce qui.

4 **1** d   **2** a   **3** b   **4** f   **5** c   **6** e.

5 **1** le sien   **2** la leur   **3** les tiennes   **4** les siens   **5** le notre   **6** les nôtres.

6 **1** Ça   **2** ce qu'   **3** ce qui   **4** ce qu'   **5** cela   **6** Ce que.

7 **1** Celui-ci – Celui-là   **2** celle   **3** celle   **4** Celle   **5** Celui   **6** celles.

8 **1** ce qu' **2** celui qui – celui-ci **3** ça/cela
4 celui **5** celle **6** ce qui.

9 **1** les tiens **2** celle **3** ceux **4** le tien
5 celles **6** Ceux.

10 **1** Marie est une fille française qui habite dans
mon immeuble. **2** Hanna est une fille
allemande que je connais très bien.
3 J'ai préparé des plats dont ma grand-mère m'a
donné la recette. **4** Madame Bergé a une
librairie dans le centre ville où j'achète mes
livres. **5** J'ai vu une robe dans la vitrine d'une
boutique qui coûte très cher. **6** Il a acheté un
livre dont tout le monde parle.

COMMUNIQUER

1 **1** se sont passées **2** s'est passé **3** suis
rentrée **4** suis allée **5** ont loué **6** me suis
amusée **7** ai nagé **8** me suis relaxée
9 ai visité **10** ai dégusté **11** ont acheté
12 sommes allés **13** avons découvert.

2 **A** **1** te lèves **2** te peignes **3** ne te maquilles
pas.
B **1** se gare **2** se garer **3** se dépêcher.

3 Il est interdit de cueillir des fleurs, de fumer, de
jeter des papiers par terre, de promener son
chien, de prendre des photos, faire du feu.

4 **1** est en train de pleuvoir **2** suis en train
d'écrire **3** est en train de faire du shopping
4 est en train de pêcher **5** est en train de
nager.

5 Réponses libres.

6 **1** deviendrez **2** épouserez **3** aurez
4 deviendront **5** deviendra **6** voyagerez
7 partirez **8** achèterez **9** vous occuperez.

7 **1** faisais **2** mangeais **3** achetais **4** prenais
5 me reposais **6** repartais **7** je prenais
8 me promenais **9** dînais **10** allions
11 ne se couchait pas **12** était **13** sortais.

8 Réponses libres.

9 **1** qui **2** dont **3** que **4** qui.

10 **A** **1** le mien **2** celui.
B **1** ce que **2** ce que.
C **1** qui **2** celui **3** celui.
D **1** ceux **2** les miens.

Unité 60

1 **1** il est moins studieux que son cousin.
2 il est plus sympa que le prof d'histoire.
3 il est moins performant que l'autre.
4 ils sont moins difficiles que ceux de l'autre
chapitre.

2 **1** Jean est aussi sportif que Mohammed.
2 Ce garçon est aussi bien élevé que son frère.
3 Ces produits sont aussi efficaces que ceux que
tu achètes d'habitude. **4** Les immeubles de
cette rue sont aussi anciens que ceux de la rue
Napoléon.

3 **1** Elle mange plus de poisson que de viande/
moins de viande que de poisson. **2** J'ai fait
plus d'exercices de maths que d'anglais/moins
d'exercices d'anglais que de maths.
3 Elle a acheté autant de pommes que d'oranges.
4 Elle a moins de jupes que de pantalons/plus de
pantalons que de jupes. **5** Tu manges plus de
chocolat qu'elle/elle mange moins de chocolat que
toi. **6** Il a plus de chats que de chiens/moins de
chiens que de chats.

4 **1** Marie dort autant d'heures par nuit que son
mari. **2** Je m'entraîne moins souvent que mon
frère. Mon frère s'entraîne plus souvent que moi.
3 Je travaille moins que mon collègue. Mon
collègue travaille plus que moi. **4** Il étudie plus
que son frère. Son frère étudie moins que lui.

Unité 61

1 **1** très gentil **2** très charmante
3 fort dangereux **4** très cher **5** très amusant
6 très coloré.

2 **Propositions** : **1** C'est le meilleur élève de la
classe. **2** C'est la meilleure tarte du restaurant.
3 C'est l'exercice le plus difficile du chapitre.
4 C'est le meilleur restaurant de la ville.
5 C'est la pire solution. **6** C'est le livre le plus
intéressant de la librairie.

3 Réponses libres.

4 Réponses libres. **Propositions** : Lucas est le plus
petit. Monsieur Lanvin est le plus âgé. Élodie est la
plus élégante. Julie est la plus sportive.

BILAN 14

1 **1** autant **2** très **3** les plus intéressants **4** la plus **5** très cher **6** très.

2 **1** que **2** que de **3** que de **4** que **5** que **6** qu'.

3 **1** qu' **2** que de **3** que **4** que de **5** que de **6** que.

4 **1** aussi **2** autant d' **3** autant que **4** autant de **5** autant de **6** aussi.

5 **1** plus **2** plus de **3** moins **4** aussi **5** autant de **6** moins.

6 **1** plus **2** moins **3** autant d' **4** plus que **5** plus de **6** moins que.

7 **1** très nerveux **2** très jolie **3** très compliquée **4** très rare **5** très grave **6** très tendue.

8 **1** Cette pièce est la moins ensoleillée de la maison. **2** Ce shampooing est le plus doux de la gamme. **3** Cette bague est la plus précieuse de la vitrine. **4** Cette voiture est la moins performante du garage. **5** Ce produit est le plus cher du catalogue. **6** Ces enfants sont les plus capricieux du groupe.

9 **1** c la plus intelligente **2** f le plus antipathique **3** a le moins studieux **4** e la plus fréquentée **5** d les moins difficiles **6** b le moins facile.

10 **1** C'est l'émission la plus drôle de la semaine. **2** C'est le produit le plus efficace de tous. **3** C'est l'exercice le moins compliqué du livre. **4** C'est le voisin le plus sympa de l'immeuble. **5** C'est le restaurant le moins chic de la ville. **6** C'est le plus grand pays du monde.

Unité 62

1 **1** aucune **2** plusieurs **3** aucun **4** aucun **5** aucune **6** Plusieurs.

2 **1** tous **2** toute **3** Chaque **4** Chaque **5** tous **6** toutes.

3 **1** c **2** d **3** a **4** f **5** b **6** e.

4 **1** Toutes **2** aucun **3** quelques **4** nombreux **5** Tous **6** plusieurs.

5 **1** Plusieurs **2** assez de – plusieurs **3** trop de **4** nombreux **5** nombreuses **6** certaines.

Unité 63

1 **1** comme **2** par hasard **3** cher **4** quand même **5** tout bas **6** sans cesse.

2 **1** bien **2** comme **3** lentement **4** à voix haute **5** sans cesse **6** par cœur.

3 **1** sérieusement **2** savamment **3** prudemment **4** sûrement **5** intelligemment **6** dûment.

4 **1** heureusement **2** follement **3** naïvement **4** tranquillement **5** vraiment **6** finalement.

5 **1** a régulier **2** b courant **3** b apparent **4** a mou **5** a constant **6** b évident.

6 **1** f longuement **2** c régulièrement **3** b chaleureusement **4** e assidûment **5** d régulièrement **6** a prudemment.

Unité 64

1 **1** à l'avenir **2** tout à l'heure **3** à l'heure **4** tout de suite **5** jamais **6** en avance.

2 **1** rarement **2** longtemps **3** souvent – jamais **4** bientôt **5** demain – après-demain **6** tôt.

3 **1** tôt/hier **2** longtemps **3** soudain **4** puis **5** tard **6** aujourd'hui **7** déjà **8** encore.

4 **1** Ils font cet exercice demain. **2** Elle ne le connaît pas encore. **3** Elle passe souvent ses week-ends à la campagne. **4** Vous êtes toujours très disponibles. **5** Nous avons fini le travail que nous avions commencé la veille **6** J'irai le voir demain.

Unité 65

1 **1** me la **2** te le **3** te l' **4** t'en **5** nous l' **6** la lui.

2 **1** Le professeur la leur explique. **2** Il le lui vend. **3** Je la lui envoie. **4** Je le leur achète. **5** Je te la prête. **6** Il nous les laisse.

3 **1** Nous les leur présentons. **2** Tu ne la lui demanderas pas ! **3** Il les leur montre. **4** Nous la lui payons. **5** Nous la leur offrons. **6** Je le leur envoie.

4 **1** Annonce-le-leur ! Ne le leur annonce pas ! **2** Envoyons-le-lui ! Ne le-lui envoyons pas ! **3** Achète-le-moi ! Ne me l'achète pas !

4 Explique-le-lui ! Ne le lui explique pas !
5 Offrons-le-leur ! Ne le leur offrons pas !
6 Disons-le-leur ! Ne le leur disons pas !
7 Vends-la-moi !   Ne me la vends pas !
8 Ouvrez-la-moi ! Ne me l'ouvrez pas !

5 **1** Vous leur en parlez.   **2** Je t'y accompagne.
3 Je leur en propose.   **4** Tu t'en   occupes.
5 Nous l'y conduisons   **6** Je les y emmène.

Unité **66**

1 **1** Laquelle   **2** lequel   **3** Laquelle   **4** Lequel
5 Laquelle   **6** Lequel.

2 **1** Dans lequel vous avez séjourné ?   **2** Lequel je
dois prendre pour aller à la gare ?   **3** Auxquelles
vous participez ?   **4** Lesquelles avez-vous
achetées ?   **5** Desquels t'occupes-tu ?
6 Laquelle est encore ouverte ?

3 **1** Avec qui tu es sorti ?   **2** Qui a peint ce tableau ?
3 Combien de croissants vous achetez ? **4** Qu'est-
ce que tu prends ?   **5** À qui tu as téléphoné ?
6 À quoi tu penses ?

4 **1** Laquelle   **2** Qu'est-ce que   **3** quoi
4 qu'est-ce qui   **5** qui   **6** qu'est-ce que
7 Qui   **8** Qu'est-ce que   **9** Qui   **10** qui.

5 **1** Lesquelles tu préfères ?   **2** De quoi
parlez-vous ?   **3** Laquelle tu veux faire ?
4 Qui a-t-il contacté ?   **5** Auquel tu participes ?
6 Avec qui sont-ils partis ?

Unité **67**

1 **1** d'autres   **2** des autres   **3** des autres
4 d'autres   **5** d'autres   **6** des autres.

2 **1** Chacun   **2** toutes   **3** quelques-uns   **4** rien
5 quelqu'un   **6** Personne.

3 **1** personne   **2** quelqu'un   **3** aucune   **4** Aucun
5 quelqu'un   **6** Aucune.

4 **1** d'autres   **2** autre   **3** autre   **4** des autres
5 autre   **6** des autres.

5 **1** rien   **2** tout   **3** rien   **4** toutes   **5** toute
6 tous.

6 **1** beaucoup   **2** on   **3** tous   **4** d'autres
5 rien.

BILAN **15**

1 **1** à l'avenir   **2** tout à l'heure   **3** à l'heure
4 tout de suite   **5** de temps en temps
6 en retard.

2 **1** aucune   **2** aucun   **3** aucun   **4** plusieurs
5 nombreux   **6** nombreuses.

3 **1** quelques   **2** plusieurs   **3** tous   **4** tous
5 Chaque   **6** aucune.

4 **1** Quiconque   **2** quelques-unes   **3** on
4 Quelques-uns   **5** Quelqu'un – n'importe qui
6 quiconque.

5 **1** rarement   **2** longtemps   **3** souvent – jamais
4 bientôt   **5** demain – après   **6** tôt.

6 **1** Franchement   **2** gentiment   **3** absolument
4 assidûment   **5** Heureusement
6 brièvement.

7 **1** Lequel   **2** quoi   **3** Laquelle   **4** qui   **5** qui
6 Laquelle.

8 **1** Qu'est-ce que   **2** Lequel   **3** Qui   **4** qui
5 Que   **6** Laquelle.

9 **1** Il le lui prête.   **2** Je vous les donne.   **3** Nous
vous y accompagnons.   **4** Je vais te les montrer.
5 Vous la leur préparez.   **6** Je vous l'apporte.

10 **1** Il n'apprend rien.   **2** Je n'invite personne.
3 Elle n'a rien révisé.   **4** Personne n'a
téléphoné.   **5** Tu en as acheté peu.   **6** Aucun
de nous n'a compris.

COMMUNIQUER

1 **1** Comme   **2** exprès   **3** par hasard   **4** bien
5 À propos   **6** ensemble   **7** volontiers.

2 **1** avant-hier   **2** Hier   **3** alors   **4** longtemps
5 Maintenant.

3 **A** **1** quelque part   **2** quelque chose   **3** tous
B **1** toutes   **2** nombreuses   **3** tous
4 plusieurs.

4 **A** **1** le leur   **2** m'y.
B **1** te l'   **2** te les.
C **1** me l'   **2** me l'.
D **1** le lui   **2** lui en.

5 **1** Laquelle   **2** laquelle.

6 1 Qu'est-ce que   2 Qui   3 qui   4 quoi.

7 1 b attentivement   2 c rapidement
3 f couramment   4 e doucement   5 d
lentement   6 a régulièrement.

8 Réponses libres. **Propositions** : Le Pays des
Abers est plus proche de la ville que la Bretagne
du Sud. Il y a plus d'activités en Bretagne Sud.

9 1 L'Auberge *L'Éterlou*.   2 L'auberge
Les Bartavelles.   3 L'auberge *Les Bartavelles*.

10 Réponses libres.

Unité **68**

1 1 /   2 es   3 /   4 /   5 /   6 e.

2 1 – /   2 e   3 /   4 s   5 e   6 s.

3 1 s   2 /   3 /   4 /   5 e   6 s.

4 1 s   2 /   3 /   4 /   5 s   6 /.

5 1 e   2 /   3 es   4 /   5 /   6 /.

Unité **69**

1 1 J'avais mangé   2 Ils avaient laissé
3 Vous aviez dit   4 Elle était partie
5 Tu avais pris   6 Ils avaient pu   7 Il avait eu
8 Nous étions partis.

2 1 j'avais pris – nous avions pris   2 j'étais arrivé
– nous étions arrivés   3 j'avais voulu – nous
avions voulu   4 j'avais su – nous avions su
5 j'avais choisi – nous avions choisi
6 j'étais parti – nous étions partis.

3 1 avais acheté   2 était parti   3 avaient cassé
4 avions fini   5 avait été   6 avaient eu.

4 1 avaient fini   2 avait invité – avait préparé
3 avait commencé   4 étaient sortis
5 avaient déjà acheté   6 avaient déjà été
réservées.

5 1 avais su – aurais dit   2 étais arrivé – n'aurions
pas raté   3 était partie – auriez été   4 avais
étudié – aurais obtenu   5 avions dû – aurions
regardé   6 avais mis – ne t'aurait pas mis

Unité **70**

1 1 connaissant   2 donnant   3 courant
4 défendant   5 pouvant   6 prenant.

2 1 En étudiant, tu pourras avoir de bonnes notes.
2 En examinant ce dépliant, j'ai trouvé des
informations intéressantes.   3 En cousant, je me
suis piqué le doigt.   4 En faisant de l'exercice
physique, vous pourrez maigrir.   5 En cherchant
une facture, j'ai retrouvé cette vieille photo.
6 En partant tôt, tu ne seras pas en retard.

3 1 Ce voyage étant trop cher, nous avons choisi
d'en choisir un autre.   2 Toutes les tables étant
réservées, nous irons dans un autre restaurant.
3 Ces produits étant très chers, je les achète
rarement.   4 Cette station de ski étant très
célèbre, beaucoup de touristes y passent leurs
vacances.   5 Ma voisine ne partant pas en
vacances, je vais lui laisser mon chat.   6 Les
invités étant arrivés, on peut prendre l'apéritif.

4 1 excellente   2 communicantes   3 adhérant
4 négligeant   5 provoquant   6 convaincant.

Unité **71**

1 1 choisisse   2 habites   3 maigrisse
4 obéissiez   5 regardions   6 travaillent.

2 1 bénéficie – bénéficions   2 essuies – essuyiez
3 étudie – étudiiez   4 nettoie – nettoyiez
5 paies/payes – payions   6 remercie – remerciions.

3 1 boive – buvions   2 doive – devions
3 dorme – dormions   4 mette – mettions
5 réponde – répondions   6 sache – sachions
7 vienne – venions   8 veuille – voulions.

4 1 que j'aie   2 que je dorme   3 que j'espère
4 que je sois   5 que je fasse   6 que je finisse
7 que je mette   8 que j'obéisse   9 que j'ouvre
10 que je puisse   11 que je réponde
12 que je travaille.
Radical irrégulier : 1, 4, 5, 10.

5 1 que tu arrives, qu'il arrive, que nous arrivions,
que vous arriviez, qu'ils arrivent.   2 que tu
fasses, qu'il fasse, que nous fassions, que vous
fassiez, qu'ils fassent.   3 que tu puisses, qu'il
puisse, que nous puissions, que vous puissiez,
qu'ils puissent.   4 que tu ailles, qu'il aille, que
nous allions, que vous alliez, qu'ils aillent.
5 que tu reçoives, qu'il reçoive, que nous
recevions, que vous receviez, qu'ils reçoivent.
6 que tu prennes, qu'il prenne, que nous
prenions, que vous preniez, qu'ils prennent.

6 1 fassent   2 comprennes   3 habite
4 répondions   5 finisse   6 sortes.

Unité **72**

1 1 finisses 2 envoyiez 3 aies 4 puissent
5 deviez 6 soyez.

2 1 fasses 2 dise 3 puissiez 4 sachent
5 explique 6 conduises.

3 1 payiez en espèces. 2 ne viennent pas.
3 soit reçue. 4 soit sorti. 5 rentre demain.
6 fasse toujours des histoires !

4 1 n'aies pas reçu 2 aies pris 3 ait passé
4 soyez venus 5 ayez pris 6 n'ait pas suivi.

5 1 ne soyons pas allés 2 ne soit pas restée
3 j'aie écrit 4 n'aies pas invité 5 n'ait pas été
6 ne soient pas venus.

Unité **73**

1 1 Ils nous ont demandé de ne pas faire ce travail.
2 Elle m'a conseillé de ne pas l'acheter.
3 Il affirme ne pas avoir reçu le message de
Mélanie. 4 Ils nous ont invités à ne pas profiter
de cette situation. 5 Je crois ne pas l'avoir
convaincu. 6 Tu as bien fait de ne pas lui dire ce
que tu pensais.

2 1 Je vais les inviter chez moi. 2 Vous allez les
examiner. 3 Nous espérons les rencontrer.
4 Je veux leur parler de ce problème.
5 Elle ne peut pas les supporter. 6 Nous venons
de lui en parler.

3 1 / 2 d' 3 / 4 / 5 à 6 de 7 de 8 à.

4 1 pouvoir 2 êtres 3 goûter 4 dîner 5 aller
6 devoir.

5 1 Il est intéressant de faire ce voyage.
2 Il est indispensable de payer un acompte.
3 Il est inacceptable de proposer ces conditions.
4 Il est nécessaire de trouver une solution.
5 Il est imprudent de lui prêter de l'argent.
6 Il est juste de soutenir cette cause.

BILAN **16**

1 1 / 2 / 3 de 4 de 5 / 6 de.

2 1 e – e 2 / 3 e 4 / 5 e 6 /.

3 1 influent 2 précédent 3 fatigants 4 influant
5 affluant 6 différentes.

4 1 ne puissiez pas 2 finissions 3 soient
4 fasses 5 envoie 6 doive.

5 1 aies découvert 2 n'ait pas pu 3 aient
refusé 4 soient arrivés 5 ayez accepté
6 ayons acheté.

6 1 était déjà parti 2 avaient déjà discuté
3 avait déjà mangé 4 s'étaient déjà couchés
5 avait déjà passé 6 avait déjà vendu.

7 1 En utilisant régulièrement cette crème contre
les rides, vous obtiendrez d'excellents résultats.
2 En coupant ma viande, je me suis blessée.
3 En faisant des efforts, tu pourrais améliorer tes
résultats. 4 En jouant au volley, il s'est fait mal
à un bras. 5 Elle fait le ménage en écoutant la
radio. 6 J'ai trouvé cette offre en surfant sur
Internet.

8 1 Réclamer permet d'obtenir satisfaction.
2 Organiser ces soirées est un vrai casse-tête.
3 Approfondir ce sujet est indispensable.
4 Essayer est toujours nécessaire avant de
commencer. 5 Rire permet de s'épanouir.
6 Dans ces situations, provoquer ne sert à rien.

9 1 a avais mangé/avait acheté 2 b était arrivé/
avait été 3 a avait applaudi/s'étaient plaints
4 a avait fait attention/avait marché.

10 1 a sachant 2 d ayant 3 e parlant 4 b
jouant 5 c pouvant 6 f donnant.

Unité **74**

1 1 par 2 par 3 par 4 par 5 d' 6 des.

2 1 par 2 de 3 des 4 du 5 par 6 par.

3 1 Des stages pour les enfants sont organisés par
le moniteur. 2 Ce produit est vendu dans tous
les supermarchés. 3 Cet artiste est connu de
tous. 4 La maison des Duhamel est entourée
d'un jardin. 5 Des cours de hip-hop sont donnés
par Julie. 6 Le mariage est suivi d'une réception.

4 1 Certains élèves ont été punis par le proviseur.
2 Ce travail sera complété par madame Pineau.
3 Des soirées dansantes étaient organisées par le
comité des fêtes. 4 Un nouveau système de
sécurité a été conçu par cet ingénieur.
5 Les fiches d'inscription seront remplies par tous
les participants. 6 Cette chanteuse a été
interviewée par le journaliste.

5 1 On a interrogé beaucoup d'élèves.
2 On avait pris de nombreuses initiatives.
3 On a retiré plusieurs produits du marché.
4 On insérera de nouveaux itinéraires dans le catalogue.   5 On démolit beaucoup de vieux bâtiments.   6 On annonce de nouvelles campagnes publicitaires.

Unité 75

1 1 Elle répète qu'elle ne veut pas faire ce travail.
2 Il affirme qu'il doit partir pour Londres.
3 Elle lui crie de sortir d'ici.   4 Ils admettent qu'ils ne sont pas en mesure de faire ces exercices.   5 Il me dit toujours qu'il ne voyagerait jamais en avion.   6 Elle lui dit de s'en aller.

2 1 Son père lui a ordonné de ranger sa chambre.
2 Elle a avoué qu'elle avait mangé tout le gâteau.
3 Ils ont déclaré qu'ils résoudraient ce problème.
4 Ils affirmaient que ce n'était pas juste.
5 Ils ont annoncé que nous allions déménager.
6 Elle a répondu que ce n'était pas de sa faute.

3 1 Il a affirmé qu'il n'avait pas vu le panneau.
2 Elle avoue qu'elle n'a pas encore fait l'exercice.
3 Ils annoncent que le train va entrer en gare.
4 Il nous a dit de nous dépêcher.
5 Elle a annoncé qu'elle partirait bientôt.
6 Il leur a dit qu'il allait déménager
7 J'ai répondu que je ne le connaissais pas.
8 Il a répondu qu'il n'était pas au courant.

Unité 76

1 1 Je lui ai demandé ce qu'il avait mangé la veille au soir.   2 Ludovic a demandé à Maxime s'il pouvait lui prêter sa raquette.   3 Elle nous a demandé ce qui nous inquiétait.
4 Elle m'a demandé quand j'étais rentré de Londres.   5 Elle me demande toujours comment je peux supporter mon collègue.
6 Elle se demande où il a mis son passeport.

2 1 Elle a communiqué qu'elle déménagerait.
2 Elle m'a demandé si je dînerais avec elle le samedi suivant.   3 Il m'a dit qu'il l'avait rencontré le mois précédent.   4 Ils ont dit qu'ils lui avaient téléphoné la veille.   5 Il annonça qu'il avait examiné la question l'avant-veille.
6 Quand j'étais à la montagne, je leur ai dit qu'ils pouvaient passer le week-end là.

3 **A** Maxence demande à Luc ce qu'il a fait le week-end précédent. Luc répond qu'il est allé faire du ski. Maxence lui demande combien de temps il est resté. Luc répond qu'il est resté trois jours, puis il demande à Maxence ce qu'il a fait. Maxence dit qu'il a fait de la voile avec son club. Luc lui demande s'il s'est amusé et Maxence répond que oui.

B La mère de Julie demande à sa fille pourquoi elle est encore arrivée en retard à l'école. Julie dit qu'elle a raté son bus. La mère dit qu'elle aurait pu se réveiller avant, mais Julie dit que le réveil n'a pas sonné. La mère dit qu'elle ne la croit pas, mais Julie dit que c'est vrai. La mère lui dit qu'elle va lui acheter un autre réveil. Julie dit que pour se faire pardonner elle va ranger la cuisine. La mère dit que c'est une bonne idée.

BILAN 17

1 1 convient   2 est   3 avait pas vu   4 avait fait
5 comprenait   6 était.

2 1 par   2 par   3 de   4 par   5 par   6 par
7 par   8 d'.

3 1 Le groupe est accompagné par un guide.
2 Le groupe a été accompagné par un guide.
3 Le groupe sera accompagné par un guide.
4 Le groupe était accompagné par un guide.
5 Le groupe avait été accompagné par un guide.
6 Le groupe serait accompagné par un guide.

4 1 Ce musée est visité par beaucoup de touristes.
2 Ces artistes seront reçus par le président du jury.   3 Ces employés ont été récompensés par le directeur de l'agence.   4 Ce professeur est adoré des élèves.   5 Cette villa est entourée d'un jardin.
6 Une réunion sera organisée au plus tôt par le maire.

5 1 Il annonce qu'il doit renoncer à ce voyage.
2 Ils ont répondu qu'ils n'étaient pas d'accord.
3 Elle leur crie de fermer cette porte.
4 Ils m'ont demandé ce que je faisais le dimanche suivant.   5 Elle lui a demandé s'il pouvait réparer son robinet.   6 Il ajoute qu'il sortira de bonne heure.   7 Elle affirme qu'elle ne renoncera jamais à ses projets.   8 Il a affirmé qu'il n'était pas responsable de ce qui s'était passé.

6 1 Elle s'exclame que c'est un menteur.
2 Il disait qu'il était fatigué. 3 Il avait dit qu'il s'occuperait de ça. 4 Elle répétait que ce n'était pas de sa faute. 5 Il a admis que c'était lui qui avait écrit cette lettre. 6 Il nous a demandé si nous étions d'accord.

7 1 La Sainte Chapelle a été construite au Moyen Âge. 2 Le roman *Les Misérables* a été écrit par Victor Hugo. 3 La Grande Arche a été inaugurée pour le bicentenaire de la Révolution française. 4 La gare d'Orsay a été transformée en musée par l'architecte Gae Aulenti. 5 Le paratonnerre a été conçu par Franklin. 6 L'Amérique a été découverte par Christophe Colomb.

Unité **77**

1 1 de – à 2 après 3 dans 4 depuis 5 pour 6 pendant.

2 1 Depuis qu' 2 Au fur et à mesure 3 Pendant qu' 4 Après qu' 5 tandis que 6 En attendant que.

3 1 à 2 dans 3 avant 4 depuis 5 Il y a 6 à partir du.

4 1 En 2 jusqu'à 3 par 4 Pendant 5 pour 6 depuis.

5 1 demain 2 hier 3 Aujourd'hui 4 après 5 tout à l'heure.

Unité **78**

1 1 e 2 c 3 a 4 d 5 b 6 g 7 f 8 h.

2 1 allais 2 avions fini 3 neige 4 y a 5 pourrais 6 auraient été.

3 1 c aidais 2 a trouvais 3 f avais été 4 b faisaient 5 e y a 6 d avaient donné.

4 Réponses libres.

Unité **79**

1 1 faute de 2 en cas de 3 en cas de 4 faute de 5 faute de 6 en cas de.

2 1 à condition que/pourvu que 2 À moins qu' 3 quitte à 4 Supposé que 5 faute d' 6 à condition de.

3 1 pourriez 2 ne fasse pas 3 seraient 4 ait 5 n'accepterait pas 6 ne fassiez pas.

4 1 En vous occupant mieux de ce dossier, vous auriez fait un bon travail. 2 En téléphonant pour réserver, vous auriez pu trouver une chambre de libre. 3 En arrivant à l'heure, vous auriez assisté au début du spectacle. 4 En te renseignant avant, tu aurais su qu'il y avait une grève. 5 En fermant la porte, tu aurais empêché le chien d'entrer. 6 En prenant la nationale, vous auriez évité les bouchons.

BILAN **18**

1 1 demain 2 jamais 3 maintenant 4 Autrefois 5 tôt 6 ensuite.

2 1 Même si 2 as 3 si 4 seulement si 5 soit 6 à condition qu'.

3 1 dans 2 Il y a 3 par 4 depuis 5 en 6 après.

4 1 Il y a 2 dans 3 à 4 en 5 Depuis 6 pour.

5 1 tout de suite 2 hier 3 toujours 4 puis 5 jamais 6 quelquefois.

6 1 quitte à 2 en cas de 3 à condition de 4 pourvu que 5 faute d' 6 quand bien même.

7 1 dès que 2 au fur et à mesure 3 tandis que 4 Depuis qu' 5 Après qu' 6 pendant que.

8 1 c 2 d 3 h 4 g 5 b 6 f 7 a 8 e.

9 1 allais 2 suis 3 auriez 4 aimes 5 avions su 6 ne serait pas parti 7 demanderait 8 ne savait rien.

COMMUNIQUER

1 **A** 1 ne puisses pas 2 soit.
B 1 n'y ait plus 2 réservions.

2 **A** 1 devienne 2 envoyiez 3 confirmiez.
B 1 soit 2 remboursiez.

3 **A** tu restes au moins un mois. – tu trouves un petit boulot. – tu rencontres d'autres personnes de ton âge.
B tu respectes les habitudes de la famille. – tu t'adaptes à la cuisine – tu demandes la permission d'utiliser le téléphone fixe.

4 **Beausoleil** **1** est entourée **2** a été créée
3 est visité **4** est faite **5** est attribué.
Grasse **1** ont été créées **2** sont visitées
3 sont fabriqués **4** sont utilisées.

5 **A** **1** tout à l'heure **2** Dans **3** à.
B **1** depuis **2** souvent.
C **1** dans **2** En **3** En.
D **1** dès que **2** Pendant que.

6 **1** ce que tu faisais demain soir. **2** si ça te disait
de venir manger à la maison.

7 *Transcription de l'enregistrement* :
– Alors tu penses toujours à moi Sabrina ?
– Oui, bien sûr !
– Tu m'aimes encore ?
– Oui, je t'aime encore.
– Pourquoi tu ne me téléphones pas souvent ?
– Parce que j'ai beaucoup de choses à faire.
– On se verra quand ?
– Mais, on s'est déjà vus hier ! Après-demain
peut-être.
Solution : **1** pensais **2** lui **3** que **4** si
5 aimais **6** aimais **7** pourquoi **8** lui **9** avais
10 quand **11** verrait **12** s'était **13** se serait.

8 pour demain, nous devions faire tous les
exercices à la page 234 et que pour la semaine
prochaine, nous devions réviser toutes les règles
de géométrie parce qu'il y aurait un contrôle.

9 **1** passes l'aspirateur **2** arroses les plantes
3 fasses le lit **4** fasses la vaisselle **5** nettoies
la salle de bains **6** étendes le linge.

10 **1** avait sonné **2** ne l'aurais pas rencontrée
3 n'avais pas fait **4** ne m'aurait pas invité.

11 Réponses libres.

12 Réponses libres.

Unité **80**

1 **1** mêmes **2** d'autres **3** même **4** autre
5 même **6** même.

2 **1** d'autres **2** d'autres **3** des autres
4 des autres **5** d'autres **6** d'autres.

3 **1** telle **2** telles **3** telles **4** tels **5** tel **6** tel.

4 **1** n'importe quelle **2** quelconque
3 quelconque **4** quelconque **5** n'importe
quelle **6** n'importe quel.

5 **1** Quelque **2** Quelles que **3** Quelques
4 Quelles que **5** Quelque **6** Quelque.

6 **1** Quel **2** Quelques **3** Quelque **4** n'importe
quel **5** quelconque **6** Quelle.

Unité **81**

1 **1** auquel **2** laquelle **3** lequel **4** à laquelle
5 desquels **6** duquel.

2 **1** auxquelles **2** laquelle **3** auquel **4** duquel
5 lequel **6** à laquelle.

3 **1** auxquelles **2** auquel **3** lequel **4** lequel
5 lesquels **6** laquelle.

4 **1** J'ai acheté une maison pour laquelle j'ai fait un
emprunt. **2** Ils utilisent des jumelles infrarouges
avec lesquelles ils peuvent voir dans le noir.
3 Il a acheté un terrain sur lequel il va construire
un pavillon. **4** Elle a acheté un portable avec
lequel elle peut naviguer sur Internet.
5 Nous avons fait un voyage au cours duquel nous
avons fait une mini-croisière. **6** C'est un numéro
privé sans lequel il est impossible de le joindre.

Unité **82**

1 **1** réserviez **2** confirmions **3** dise **4** soit
5 attendes **6** prenne

2 **1** Il vaut mieux que nous nous arrêtions ici.
2 Il arrive souvent que Paul et Léa soient en
retard. **3** Il est interdit que vous entriez sans
frapper. **4** Il faut que tu ajoutes de la farine.
5 Il faut que j'attende cinq minutes. **6** Il semble
que vous soyez fatigués.

3 **1** f achètes **2** e fasse **3** a ne l'appelles pas
4 c soit **5** b choisissiez **6** d emportiez.

4 **1** fasse **2** pleuve **3** puissions **4** est **5** est
6 pose.

BILAN **19**

1 **1** pour laquelle **2** qui **3** de l'auteur duquel
4 dont l'honnêteté **5** dont **6** duquel.

2 **1** d'autres **2** des autres **3** d'autres **4** des
autres **5** des autres **6** d'autres.

3 **1** N'importe quel **2** quelconque **3** n'importe
quel **4** N'importe quelle **5** n'importe quel
6 quelconque.

4 **1** Quelles que   **2** Quelques   **3** Quel que
4 Quelque   **5** Quel que   **6** Quelle que.

5 **1** d'autres   **2** même   **3** mêmes   **4** tel
5 même   **6** telle.

6 **1** laquelle   **2** laquelle   **3** laquelle   **4** laquelle
5 laquelle   **6** lequel.

7 **1** lequel   **2** qui   **3** qui   **4** lequel   **5** qui
6 laquelle.

8 **1** s'enrhume   **2** choisisse   **3** prennent
4 cherche   **5** prenions   **6** t'inscrives.

9 **1** J'ai acheté une tondeuse grâce à laquelle j'ai
tondu rapidement le gazon.   **2** Voilà une spatule
en bois avec laquelle tu dois mélanger les
ingrédients.   **3** J'ai acheté un livre de cuisine
avec lequel je vais préparer des plats savoureux.
4 Il y a une boulangerie dans le centre ville pour
laquelle je travaille.   **5** Voici mon portable sans
lequel je ne sors jamais.   **6** Il a acheté un livre
au début duquel le héros meurt.

10 **1** Il est nécessaire que nous réservions à
l'avance.   **2** Il vaut mieux que vous vous gariez
ici.   **3** Il semble qu'il soit inquiet.   **4** Il arrive
que Tom et Lise se lèvent tôt.   **5** Il suffit que tu
passes le code.   **6** Il faut que je contacte la
direction.

Unité **83**

1 **1** f   **2** c   **3** d   **4** b   **5** a   **6** e.

2 **1** Quelle injustice !   **2** Quel désastre !
3 Quels héros !   **4** Quel menteur !
5 Quel dommage !   **6** Quelle affaire !

3 **1** Ils ont tant travaillé !   **2** C'est si difficile pour lui
d'en parler !   **3** Comme elle gentille avec moi !
4 Qu'est-ce que vous nous énervez !
5 Que de fautes !   **6** Combien de vacances j'ai
passé avec lui !

Unité **84**

1 **1** rentra – s'aperçut   **2** dûtes   **3** pensai –
repensai – trouvai   **4** vit – fit   **5** partîmes
6 quitta.

2 **1** ne voulurent pas   **2** finis – partis   **3** eut
4 avouai   **5** attendîmes   **6** accompagnâtes.

3 **1** décidèrent   **2** demandas   **3** dus   **4** répondit
5 fîmes   **6** mena.

4 **1** c partagea   **2** d accorda   **3** e passa
4 a fonda   **5** f fit   **6** b se répandirent.

Unité **85**

1 **1** nous serons allés   **2** tu auras pris   **3** il aura dit
4 vous aurez choisi   **5** ils auront répondu
6 j'aurai vu   **7** tu auras déménagé
8 elles auront mis   **9** elle aura regardé
10 tu auras lu   **11** j'aurai bu   **12** il aura connu.

2 **1** aurons trouvé   **2** auras terminé   **3** auront
refusé   **4** aurez terminé   **5** serons partis
6 aura oublié.

3 **1** d aurai fini   **2** f seras arrivé   **3** e auras rangé
4 a aura passé   **5** b aurai préparé   **6** c auras
téléchargé.

4 **1** aurons traduit – réviserons   **2** aura eu
– restera   **3** auras ouvert – pourras
4 aurons signé – irons   **5** auras compris – feras
6 aura reçu – sera.

BILAN **20**

1 **1** Quel scandale !   **2** Quel dommage !
3 Quelle chance !   **4** Quel beau dessin !
5 Quelle belle robe !   **6** Quel désordre !

2 **1** Combien ce pantalon est cher !   **2** Comme
cette robe est jolie !   **3** Qu'est-ce que ce plat est
épicé !   **4** Ce parcours est si long !   **5** Combien
mon ami me manque !   **6** Ce que ce film est
ennuyeux !

3 **1** Ce que c'est difficile ! C'est si difficile ! Comme
c'est difficile !   **2** Ce qu'ils sont indisciplinés ! Ils
sont si indisciplinés ! Comme ils sont
indisciplinés !   **3** Ce qu'ils est gourmand ! Il est si
gourmand ! Comme il est gourmand !   **4** Ce que
tu es insupportable ! Tu es si insupportable !
Comme tu es insupportable !

4 **1** b   **2** d   **3** e   **4** f   **5** a   **6** c.

5 **1** accorda   **2** rendit   **3** fut   **4** dut.

6 **1** se promena   **2** frappa   **3** congédia   **4** ouvrit
5 entendit   **6** présenta   **7** demanda   **8** ferma
9 barricada   **10** inspecta   **11** souleva
12 installa   **13** enferma   **14** emporta   **15** dit.

7 1 aurez rempli 2 aurons emménagé 3 seront arrivés 4 aurai fini 5 sera parti 6 auras eu 7 auras terminé 8 seront arrivés.

8 1 recevrez 2 aurez versé 3 aurez fini 4 aurons pris 5 seront rentrés 6 aurez enregistré 7 fera 8 te seras inscrit.

COMMUNIQUER

1 1 d'autres 2 des autres 3 même 4 N'importe quel.

2 **A** 1 lesquels 2 lequel.
   B 1 laquelle 2 lesquels.
   C 1 laquelle
   D 1 lesquels.

3 Réponses libres. **Propositions** : Quel désordre ! Combien de vêtements sales sur ton lit !

4 Réponses libres. **Propositions** : 1 Comme elle est énervée ! 2 Que c'est bon ! 3 Que c'est difficile ! 4 Ce qu'elle est fatiguée ! 5 Combien elle est belle ! 6 Quelle belle plage !

5 **A** 1 vint 2 fut 3 fonda 4 firent 5 vinrent.
   B 1 s'installa 2 fallut 3 fut 4 fit
      5 emménagea 6 passa.

6 1 L'intérieur du musée a été aménagé par l'architecte italienne Gae Aulenti.
   2 La construction du centre Beaubourg a été voulue par le président Pompidou. 3 La Grande Arche a été inaugurée à l'occasion du bicentenaire de la Révolution française. 4 La Basilique du Sacré-Cœur a été construite à la suite du vœu d'Alexandre Legentil et d'Hubert Rohault de Fleury. 5 La pyramide du Louvre a été conçue par l'architecte sino-américain Ming Pei.
   6 Le *Café Flore* était apprécié par les existentialistes.

7 1 Napoléon III a été défait par les Prussiens à Sedan. 2 Henri IV a été assassiné par Ravaillac.
   3 Pendant la Révolution française, le roi a été guillotiné par le peuple. 4 Le cinéma a été inventé par les frères Lumière.

8 **A** Il suffit. **B** il faut. **C** il est possible.
   D il vaut mieux.

9 1 il suffit 2 Il faut 3 Il vaut mieux 4 il était possible.

10 **A** auras rangé. **B** serai rentrée. **C** aurons préparé. **D** aura eu.

11 Réponse libre.

Unité 86

1 1 Grâce à 2 pour 3 faute de 4 car 5 en effet 6 À cause de.

2 1 d à cause du 2 a à cause d'/par suite d' 3 b parce qu'/car 4 c parce que/car 5 e à la suite d' 6 f à cause d'.

3 1 Comme il veut gagner le match, il va devoir s'entraîner tous les jours. 2 Je ne veux pas l'inviter à ma fête car elle est très antipathique. 3 Étant donné qu'il y a un embouteillage, je vais prendre le métro. 4 Plus personne ne le croit parce qu'il ment tout le temps. 5 Puisque vous avez assisté à l'accident, vous allez faire une déposition. 6 Vu qu'il veut faire un voyage à l'étranger, il va mettre de l'argent de côté.

4 1 Le cours n'a pas eu lieu parce qu'il n'y avait pas assez de participants. 2 La réunion a été renvoyée parce que le directeur était absent.
   3 Air France a annulé tous ses vols internationaux parce que les pilotes sont en grève.
   4 La production a été interrompue parce que le personnel a fait une grève prolongée.

Unité 87

1 1 pour/afin d' 2 afin qu'/pour qu'
   3 pour/afin d' 4 de crainte qu'
   5 pour qu'/afin qu'
   6 dans l'espoir de/afin de/pour.

2 1 Il est nécessaire d'insister afin de les convaincre. 2 Essayons de parler à voix basse de façon à entendre ce qu'ils disent.
   3 Nous l'avons contacté dans l'espoir d'avoir son aide. 4 Elle s'est maquillée pour aller à une fête.
   5 Ils font leurs courses dans ce discount pour dépenser peu d'argent. 6 Il a offert des fleurs à sa femme dans l'espoir de se faire pardonner.

3 1 Il n'est pas allé à l'école hier de peur que le prof d'anglais ne l'interroge. 2 Pour que vous trouviez des places disponibles, il faut réserver à l'avance. 3 Afin que la campagne électorale se déroule bien, ils ont choisi un bon porte-parole.

4 Dans la perspective que leur profession soit revalorisée, ils ont créé une association qui défenda leurs droits.

4 Réponses libres.

Unité 88

1 **1** d'où   **2** par conséquent/voilà pourquoi/c'est pourquoi/c'est pour cela que/c'est pour ça que   **3** c'est pour cela que/par conséquent/c'est pour ça que   **4** voilà pourquoi/c'est pour cela qu'/c'est pour ça qu'   **5** donc/voilà pourquoi   **6** voilà pourquoi.

2 **1** f si bien que   **2** a de sorte que   **3** c de manière que   **4** b de sorte que   **5** d si bien que   **6** e de sorte que.

3 Réponses libres. **Propositions** : **1** Il fait si froid qu'il faut mettre des vêtements très chauds.   **2** Il skie tellement mal qu'il doit prendre des cours de ski.   **3** Elle a fait trop d'achats, si bien qu'elle ne peut pas les transporter.   **4** Il a eu son permis, voilà pourquoi il a acheté une voiture.

4 **1** Je suis si en retard qu'il vaut mieux que je prenne le métro.   **2** Elle a tant d'amies qu'elle ne peut pas les voir souvent.   **3** Elle a tant de problèmes qu'elle pleure tout le temps.   **4** Ces choux sont tellement pourris qu'ils sont immangeables.   **5** Ce règlement a tellement de clauses qu'on ne peut pas toutes se les rappeler.   **6** Elle a tellement marché qu'elle a des ampoules aux pieds.

Unité 89

1 **1** Bien qu'   **2** Malgré   **3** en dépit du   **4** Bien qu'   **5** Malgré   **6** Malgré.

2 **1** pleuve   **2** ait   **3** soit   **4** travaillions   **5** disiez   **6** mangiez.

3 **1** mais   **2** cependant/mais   **3** Quand même   **4** même si   **5** sans que   **6** même s'.

4 **1** au lieu de   **2** Contrairement à   **3** en revanche   **4** pourtant   **5** sauf   **6** tout de même.

5 **1** tandis que/en revanche/alors que/par contre   **2** en revanche/par contre   **3** au contraire/par contre   **4** tandis que/en revanche/alors que/par contre   **5** au contraire/par contre   **6** tandis que/en revanche/alors que/par contre.

Unité 90

1 **A** **1** te sens   **2** viendras   **3** laisseront.
B **1** est   **2** réussirons   **3** es.

2 **1** ce que tu leur as dit.   **2** ce qui t'intéresse.   **3** quel voyage il avait choisi.   **4** où vous avez acheté ces vases anciens.   **5** combien de temps ils se sont entraînés.   **6** comment ils ont pu les convaincre.

3 **1** rentrerait   **2** réparerait   **3** aiderait   **4** refuserait   **5** prendrait   **6** examineraient.

4 **1** conviendra   **2** veut   **3** puissent   **4** aient   **5** connaisse   **6** soit.

BILAN 21

1 **1** pour   **2** de façon à   **3** de sorte que   **4** afin d'   **5** pour   **6** dans l'espoir de   **7** afin que   **8** pour.

2 **1** C   **2** O   **3** B   **4** C   **5** B   **6** B.

3 **1** d   **2** e   **3** a   **4** h   **5** b   **6** c   **7** f   **8** g.

4 **1** soit   **2** pourras   **3** s'agit   **4** conviennent   **5** n'es pas   **6** devons.

5 **1** a mises   **2** inquiète – ne veut pas   **3** ont   **4** pensez   **5** avait   **6** est parti.

6 Réponses libres.

7 **1** Ils sont pressés. En revanche/par contre, moi, je ne le suis pas.   **2** Il lit son journal tandis que sa femme préfère lire un livre.   **3** Tu travailles alors qu'il se repose.   **4** Ce musicien est allemand alors que ce peintre est autrichien.   **5** Le premier train de la matinée part à six heures alors que le deuxième est à sept heures.   **6** Ce magasin est ouvert tandis que l'autre est fermé.

COMMUNIQUER

1 **A** **1** vas   **2** finis.
B **1** y a   **2** y en ait encore.
C **1** avait invité   **2** aurait fait   **3** ne t'a pas invité.

2 Réponses libres. **1** Vu que mes grands-parents m'ont offert un billet de 100 euros, je… .
2 Vu que mon voisin fait trop de bruit et joue de la guitare tard le soir, je… .   **3** Vu que mon chat est monté sur un arbre et ne veut plus descendre, je… .   **4** Vu que j'ai rencontré mon

acteur/actrice préféré(e), je… . **5** Vu que j'ai trouvé beaucoup de cèpes, je … . **6** Vu que je me suis retrouvé face à un sanglier, je… .

3 **A** Comme. **B** afin que. **C** Bien que.

4 **A** au lieu de. **B** sauf – Malgré. **C** contrairement **D** mais – quand même.

5 **Propositions** : **1** Il a tellement neigé que la circulation a été interrompue. **2** Ce chemisier est si cher qu'elle ne peut pas se le permettre **3** Il pleut. Voilà pourquoi si bien elle ne peut pas sortir. **4** Il a couru si vite qu'il est arrivé le premier. **5** Le cours était ennuyeux, c'est pour ça qu'il s'est endormi. **6** Il y a tellement de cerises qu'on peut faire de la confiture.

6 **1 A** faute de. **B** d'autant plus que. **C** car. **D** grâce à.

7 Réponses libres.

8 Réponses libres.

RÉVISIONS **A1**

UNITÉS 1-21

1 *Transcription de l'enregistrement et solution :*
1 Place **Corneille**, C O R N E I L L E
2 Avenue **Colbert**, C O L B E R T **3** Impasse **Lavoisier**, L A V O I S I E R **4** Chemin **Monceau**, M O N C E A U **5** Boulevard **Champollion**, C H A M P O L L I O N **6** Rue **Hoche**, H O C H E.

2 *Transcription de l'enregistrement :*
1 N A U D I N **2** D O I N E T **3** M E U N I E R **4** C H E U L O N **5** T U R B O T **6** W I E S E L.
Solution : **1** a **2** b **3** b **4** b **5** a **6** a.

3 *Transcription de l'enregistrement et solution :*
1 tourner **2** super **3** latitude **4** perdu **5** poule **6** cousin.

4 *Transcription de l'enregistrement et solution :*
1 moisissure **2** soudure **3** coiffer **4** chamois **5** coudre **6** toile.

5 *Transcription de l'enregistrement et solution :*
1 lait **2** rayon **3** malaise **4** fraises **5** balayer **6** payer.

6 *Transcription de l'enregistrement et solution :*
1 rumeur **2** cauchemar **3** beurre **4** mauve **5** peu **6** paume.

7 *Transcription de l'enregistrement et solution :*
A **1** central **2** Martin **3** centre **4** cent **5** vingt **6** lin.
B **1** novembre **2** impôt **3** tempête **4** ressemblance **5** impair **6** timbre.
C **1** mexicain **2** alsacien **3** craindre **4** chien **5** romain **6** lien.
D **1** salon **2** volcan **3** violon **4** bungalow **5** tampon **6** opportun.

8 *Transcription de l'enregistrement et solution :*
1 crèche **2** rocade **3** cire **4** accès **5** douce **6** mince.

9 *Transcription de l'enregistrement et solution :*
1 imagination **2** rouge **3** suggestif **4** loge **5** aggraver **6** gisement.

10 *Transcription de l'enregistrement et solution :*
1 cuirasse **2** savon **3** basse **4** base **5** cuisse **6** cuisine.

11 *Transcription de l'enregistrement et solution :*
1 sud **2** nord **3** tennis **4** sport **5** lac **6** puits.

12 *Transcription de l'enregistrement :*
1 gros **2** grise **3** ronde **4** frais **5** mise **6** coup.
Solution : **1** a **2** a **3** b **4** a **5** b **6** a.

13 *Transcription de l'enregistrement :*
1 ils ont **2** il aime **3** ils arrivent **4** elles habitent **5** il appelle **6** elles sont **7** elle aime **8** ils aident **9** il ajoute **10** elles adorent.
Solution : **1** a **2** a **3** b **4** b **5** a **6** b **7** a **8** b **9** a **10** b.

14 *Transcription de l'enregistrement et solution :*
1 rançon **2** centre **3** merci **4** façon **5** ici **6** niçois **7** hameçon **8** cafard.

15 **1** égoïste **2** naïf **3** habituel **4** aimer **5** courage **6** aïeul **7** boîte **8** aiguë.

16 **1** Quand arrive-t-il ? **2** Qu'est-ce qu'il veut ? **3** L'hôtel se trouve derrière l'ambassade. **4** J'adore le chocolat. **5** Dis-lui d'aller à l'école. **6** Il n'aime pas sortir à cette heure-ci.

17 1 res-te   2 é-lan   3 ac-ces-soi-re   4 dou-leur
5 mé-ri-te   6 exa-gé-rer   7 lus-tre   8 mons-
tre   9 di-gne   10 com-pri-mé.

18 *Transcription de l'enregistrement et solution* :
1 réseau   2 cire   3 verre   4 espion   5 géode
6 semelle.

19 *Transcription de l'enregistrement et solution* :
1 petit   2 progrès   3 zèle   4 trésor
5 muette   6 vérité.

20 1 la   2 les   3 la   4 La   5 l'   6 le   7 Le
8 Les.

21 1 des   2 des   3 une   4 un   5 une   6 un
7 des   8 un.

22 1 La   2 les   3 des   4 L' – l'   5 Les   6 un.

23 1 une   2 Le – un   3 Les – une   4 Le   5 une
6 La – un.

24 1 aux   2 des – des   3 de la   4 au   5 du
6 à la.

25 1 du   2 de la   3 du   4 de l'   5 à l'   6 des.

26 1 l' – du   2 le – du – les   3 les – au
4 le/la – de l'   5 le – de la   6 du   7 à la
8 une – à l'   9 à la   10 à l' – des.

27 1 de   2 de   3 de – d'   4 de l' – /   5 une – des
6 de.

28 1 une – de la   2 du   3 / – /   4 /   5 du   6 des.

29 1 C'est une actrice célèbre.   2 C'est une
collègue sympathique.   3 C'est une fille
paresseuse   4 C'est une femme ambiguë.
5 C'est une touriste allemande.   6 C'est une
chanteuse portugaise.

30 1 Elle est gentille. N   2 Elle est malade. O
3 Elle est grande. N   4 Elle est naïve. N
5 Elle est fatiguée. O   6 Elle est heureuse. N
7 Elle est anglaise. N   8 Elle est africaine. N.

31 1 Des meubles anciens   2 Des journées grises
3 Des travaux urgents   4 Des dossiers secrets
5 Des bus bondés   6 De grands amis
7 De faux bijoux   8 Des hommes fous
9 Des eaux polluées   10 Des touristes anglais.

32 1 autoritaire – dominatrice – patiente – amicale
2 châteaux – obligatoire   3 journaux
4 choux – haricots   5 cousine – tante
6 impatientes.

33 1 avez   2 est   3 as   4 est   5 ai   6 avons.

34 1 sont   2 as   3 avez   4 est   5 êtes
6 avons.

35 1 vous appelez – m'appelle   2 vais   3 jette
4 vont   5 habites – habite   6 aimes – achète.

36 1 te lèves – me lève   2 préfère   3 paie/paye
4 pèse   5 espèrent – va   6 nous promenons.

37 1 finis   2 choisissez   3 maigrit   4 mûrissent
5 fleurit   6 fournissons.

38 1 sortez   2 ouvre – ferme   3 se souviennent
4 partez   5 souffre   6 recevons.

39 1 reçois – reçois   2 vois – sais – ne peux rien
3 sais – s'appelle – ne me souviens pas
4 pars – pars   5 voulez – choisissons
6 entretient – tient.

40 1 prenons   2 vend   3 ne comprends pas
– prétend   4 interrompt   5 n'entend pas
6 mettons.

41 1 bois – prends   2 font – peignent
3 connaissez – ne le connais pas
4 dit – fait   5 éteignez – éteignons
6 lis – adore.

42 1 comprenons   2 prenez   3 apprend
4 boit   5 pars   6 veux   7 devient   8 attends.

43 1 arrête – Tais-toi   2 Ne rentre pas   3 Fais
– ne dérange pas   4 Ne parle pas – mange – ne
mets pas – finis   5 ne donnez pas   6 Attends.

44 1 Montrez-moi votre permis de conduire !
2 Asseyez-vous et prenez une feuille !
3 Rends-moi mes jouets !   4 Ne pars pas en
voiture, prends le train !

UNITÉS 22-31

1 1 Tu   2 Vous   3 Elle   4 Je   5 Ils   6 Nous.

2 1 on   2 vous – on   3 on   4 Nous – vous   5 tu
– je – elle   6 Ils.

3 1 elle   2 lui   3 vous   4 Lui – elle   5 toi
6 Eux – elles.

4 1 Elle – elle – ils – elle   2 eux – ils – on   3 ils
4 moi – tu   5 il   6 moi –nous.

5 1 il s'agit de   2 il faut   3 il reste   4 il suffit de
5 il manque du   6 il arrive.

6 1 il faut 2 Il vaut mieux 3 il arrive 4 Il reste
5 Il existe 6 il y a.

7 1 Il fait froid – il y a 2 suffit 3 il suffit de
4 S'il neige.

8 1 Je ne regarde pas cette émission.
2 Il ne lit jamais de B.D. 3 Elle ne dit rien.
4 Elle n'habite plus ici. 5 Il ne faut pas tourner
à gauche. 6 Nous ne prenons jamais ce train.

9 1 Le panneau dit de ne pas tourner à gauche.
2 Les experts conseillent de ne pas utiliser
souvent cet appareil. 3 Les médecins
conseillent de ne pas consommer de matières
grasses. 4 Le haut-parleur dit de ne pas
s'approcher de la bordure du quai. 5 Le code
de la route dit de ne pas utiliser son portable
quand on conduit. 6 Le règlement du lycée dit
de ne pas arriver en retard.

10 1 Non, je n'aime pas beaucoup la musique
classique. 2 Non, il ne joue jamais au football.
3 Nous ne prenons ni rôti ni salade.
4 Je n'ai appelé aucun ami. 5 Elle ne va plus
chez le dentiste. 6 Il n'a rien mangé.
7 Ils n'ont aucun ami. 8 Je n'ai reçu aucune
lettre.

11 1 Elle ne boit que du thé. 2 Il ne lit que des
romans historiques. 3 Ils ne répondent que par
e-mail. 4 Il ne mange que des aliments allégés.
5 Elle ne voyage qu'en Europe. 6 Tu ne sais
parler que français. 7 Il ne parle que de son
travail. 8 Ils ne prennent que le train pour aller
là-bas.

12 1 Veux-tu une bière/Est-ce que tu veux une
bière ? 2 Achètes-tu des oranges ?/Est-ce que
tu achètes des oranges ? 3 Reconnais-tu cet
homme ?/Est-ce que tu reconnais cet homme ?
4 As-tu envie de sortir ?/Est-ce que tu as envie
de sortir ? 5 As-tu une voiture ?/Est-ce que tu
as une voiture ? 6 A-t-il sommeil ?/Est-ce qu'il
a sommeil ?

13 1 Tu ne restes pas ? 2 Il n'a pas compris ?
3 N'avez-vous pas une réservation ?
4 Vous ne savez pas de quoi il s'agit ?
5 Elle ne veut pas de la glace ? 6 Ils
n'appellent pas le directeur ?

14 1 ses – son 2 votre 3 votre 4 son 5 ses
6 ton.

15 1 leurs 2 leur 3 tes 4 ton 5 son 6 ton.

16 1 Quel est ton/votre nom ? 2 Où étudie ta/votre
fille ? 3 Où tu as mis mon journal ? 4 Où est
son bureau ? 5 Quand tu envoies ton mail ?
6 Il a ton numéro ?

17 1 Ce 2 ces 3 cette 4 cette 5 Cet
6 Cette 7 Ces 8 Ce 9 ce 10 Cette.

18 1 cette – -ci cette – -là 2 Ces – -ci ci
ces – -là 3 cette – -ci cette – -là 4 Cet – -ci
cet – -là 5 Ce – -ci ce – -là 6 Cette – -ci
cette – -là.

19 1 cette 2 son 3 cette – mon 4 ces
5 cette 6 vos 7 cet – ses 8 votre.

20 1 quelles 2 Quel 3 Quelle 4 Quel
5 quelle 6 quels.

21 1 Quels 2 Quelles 3 quel 4 quelle
5 quelle 6 quel.

22 1 Quel est ton prénom ? 2 Quelle est votre
adresse ? 3 Quel est ton numéro de portable ?
4 Quel est son numéro de téléphone ?
5 Quelle est ta nationalité ? 6 Tu habites à quel
étage ?

23 1 quatorze 2 dix-neuf 3 vingt et un
4 trente 5 quarante-deux 6 soixante-cinq
7 soixante-dix 8 quatre-vingt-cinq 9 cent
10 cent dix 11 deux cents 12 mille.

24 *Transcription de l'enregistrement et solution* :
1 1 2 13 3 22 4 39 5 55 6 70.

25 1 cinq 2 sept 3 cent un 4 réponse libre
5 trois cent soixante-cinq ou trois cent soixante-
six 6 vingt-huit ou vingt-neuf 7 sept 8 cinq
9 deux 10 deux.

26 1 Il est trois heures trente/et demie
2 Il est dix-sept heures trente/cinq heures et
demie. 3 Il est six heures quarante-cinq/Il est
sept heures moins le quart. 4 Il est onze
heures quinze/et quart. 5 Il est dix-huit heures
cinquante six/Il est sept heures moins quatre
minutes. 6 Il est vingt-deux heures quarante-
trois/Il est onze heures moins dix-sept.
7 Il est neuf heures quarante/Il est dix heures
moins vingt. 8 Il est dix heures cinquante/Il est
onze heures moins dix.

27 1 Le premier janvier mil neuf cent trente.
2 Le treize septembre mil huit cent quarante-
trois. 3 Le vingt-quatre mai deux mille un.
4 Le trente avril deux mille cinq.

5 Le douze octobre mil quatre cent quatre-vingt-douze.   **6** Le quatorze juillet mil sept cent quatre-vingt neuf.

28 **1** Nous sommes le… .   **2** Réponse libre.
3 Réponse libre.   **4** Il y en a trois cent soixante-cinq.   **5** Il y en a trente.
6 Le quatorze juillet.

29 **1** deux h   **2** deux d   **3** trois b   **4** un f
5 zéro c   **6** quatre e   **7** cent – cent a   **8** un g.

RÉVISIONS **A2**

UNITÉS 32-43

1 **1** Il ne la supporte pas.   **2** Elle la répète toujours.   **3** Je ne les comprends pas.   **4** Elle les amène à la salle de gym.   **5** Il l'a beaucoup aimé.   **6** Nous l'avons suivi.

2 **1** me   **2** l'   **3** vous   **4** la   **5** l'   **6** t'.

3 **1** Nous lui avons écrit.   **2** Nous ne leur avons pas dit la vérité.   **3** Je ne lui ai pas téléphoné.
4 Il leur a fait peur.   **5** Elle lui ressemble.
6 Il ne leur conseille pas ce stage.

4 **A** t' – m'.   **B** lui – lui.   **C** me.   **D** me.

5 **1** se   **2** se   **3** vous   **4** se   **5** te   **6** se.

6 **1** Ses parents se réveillent à six heures et demie tous les jours.   **2** Il se débrouille bien.
3 vous vous lavez les cheveux ?   **4** Mes amies s'habillent à la mode.   **5** Ses camarades s'entraînent beaucoup.   **6** Ils se taisent toujours.

7 **1** y   **2** en   **3** en   **4** y   **5** en   **6** y.

8 **1** y – y   **2** en   **3** en   **4** en   **5** y   **6** en.

9 **1** Vas-y !/N'y va pas !   **2** Pensez-y !/N'y pensez pas !   **3** Réfléchissons-y !/N'y réfléchissons pas !   **4** Discutez-en !/N'en discutez pas !
5 Parles-en avec ton frère !/N'en parle pas avec ton frère !   **6** Bois-en !/N'en bois pas !

10 **1** cinquième   **2** onzième   **3** dix-septième
4 vingt-sixième   **5** trente-septième
6 quarante-quatrième   **7** soixante-troisième
8 soixante-dix-huitième   **9** quatre-vingt-quinzième   **10** centième   **11** quatre centième
12 deux millième.

11 *Transcription de l'enregistrement :*
1 5ᵉ   **2** 21ᵉ   **3** 35ᵉ   **4** 72ᵉ   **5** 94ᵉ   **6** 44ᵉ.
Solution : **1** a   **2** b   **3** b   **4** a   **5** a   **6** a.

12 Réponses libres.

13 **1** e   **2** c   **3** a   **4** f   **5** d   **6** b.

14 *Transcription de l'enregistrement et solution :*
1 16 + 16 = 32   **2** 22 + 16 = 38   **3** 80 - 25 = 55
4 91 - 31 = 60   **5** 12 x 4 = 48   **6** 9 x 9 = 81
7 40 : 8 = 5   **8** 48 : 6 = 8.

15 **1** très   **2** beaucoup   **3** Combien de   **4** plus de   **5** trop de   **6** autant d'.

16 **1** e   **2** f   **3** a   **4** b   **5** c   **6** d.

17 **1** à droite   **2** Au-dessous   **3** ci-joint   **4** autour   **5** partout   **6** par là.

18 **1** y   **2** partout   **3** à droite   **4** ici   **5** là-bas
6 en arrière.

19 **1** aux   **2** du   **3** au – depuis   **4** chez   **5** à
6 aux.

20 **1** dans   **2** avec   **3** au – aux   **4** à – en   **5** au
6 à.

21 **1** Depuis   **2** en   **3** dans   **4** avant/pour
5 avec   **6** avec.

22 **1** à – à – pendant   **2** entre   **3** en – en
4 Avec   **5** Parmi   **6** sans.

23 **1** Parmi   **2** sur   **3** pour   **4** à   **5** à
6 parmi/dans.

24 **1** du   **2** du   **3** en   **4** en   **5** en   **6** par
7 avec   **8** Au   **9** dans   **10** du   **11** En   **12** d'
13 d'   **14** aux   **15** aux   **16** pour.

UNITÉS 44-51

1 **1** allés   **2** partie   **3** venus   **4** allé   **5** parti
6 venue.

2 **1** surfé   **2** pris   **3** fini   **4** dit   **5** parti
6 regardé   **7** ouvert   **8** mis   **9** senti
10 rempli   **11** dû   **12** lu.

3 **1** s   **2** /   **3** s   **4** /   **5** /   **6** s   **7** /   **8** es.

4 **1** /   **2** e   **3** /   **4** /   **5** s   **6** /.

5 **1** /   **2** /   **3** s   **4** e   **5** s   **6** e   **7** / – e   **8** e.

6 **1** sont partis hier.   **2** avons pris une décision importante.   **3** ont dégusté une spécialité marocaine.   **4** sont rentrées tard.   **5** y sont allés en voiture.   **6** est sortie à cinq heures.

7 **1** / b   **2** s a   **3** es e   **4** / c   **5** / d   **6** / f.

8 1 a bu – est sorti   2 ont acheté   3 ont loués
4 a été – est bien arrivée   5 ai appris – s'est
passé   6 sont parties.

9 1 avez perdus   2 m'as prêtées
3 est descendue – a pris   4 avez descendu
5 ne sont pas venus   6 ne l'ai pas reconnue –
elle a tellement vieilli.

10 1 Vous êtes allés au théâtre avec vos amis.
2 Tu as visité beaucoup de musées.
3 Je n'ai pas trouvé un nouvel emploi.
4 Elles sont parties de bonne heure.
5 Ils ont réservé deux chambres doubles.
6 Nous avons pris le train de 7 h 15.

11 1 avez   2 sont   3 ont   4 sommes   5 as
6 es.

12 1 as   2 sommes   3 a   4 est   5 sommes
6 avons   7 avons   8 avons   9 êtes   10 a.

13 1 avez   2 sont   3 es   4 a   5 êtes   6 as.

14 1 se sont rencontrés – se sont dit   2 t'es
amusée – me suis ennuyée   3 se sont mariés
4 s'est lavé – s'est assise   5 s'est réveillée –
s'est levée   6 se sont salués – se sont
embrassés.

15 1 Qu'est-ce que   2 Comment   3 Qui   4 Quel
5 Qu'est-ce qui   6 Pourquoi.

16 1 Quelles   2 Qu'est-ce que   3 Qu'est-ce qui
4 Quelle   5 Lesquelles   6 lesquels.

17 1 d   2 b   3 e   4 a   5 c   6 f.

18 1 Quand es-tu partie ?   2 Où tu as mis mon
sac ?   3 Qui as-tu rencontré ?   4 Qu'est-ce
que tu bois le matin ?   5 Avec qui tu y es allé ?
6 Qu'est-ce que tu as acheté ?

19 1 c'est – C'est   2 c'est – Ce sont   3 Ce sont
4 c'est – C'est   5 Ce sont   6 c'est – Ce sont.

20 1 toi   2 vous   3 moi   4 nous   5 elle   6 eux
7 elles   8 lui/elle.

21 1 C'est pour son frère qu'il a fait ça.
2 C'est la secrétaire qui nous a renseignés.
3 C'est Maxence que j'ai croisé.   4 C'est sa
mère qui ne l'a pas laissé sortir.   5 C'est elle qui
travaille dans ce bureau.   6 C'est le proviseur
qui a examiné toute la documentation.

22 1 Non, c'est du chocolat aux noisettes.
2 Non, il est normand.   3 Non, il est ingénieur.
4 Oui, c'est simple.   5 Oui, c'est elle/la voisine

qui a téléphoné aux pompiers.   6 Non, c'est
interdit.   7 Non, c'est le cousin de mon père.
8 Oui, c'est à minuit qu'il est arrivé.

23 1 C'   2 Il   3 C'   4 Il   5 C'   6 C'   7 Il
8 Il   9 C'   10 Il.

24 1 s'est   2 c'est   3 c'est   4 s'est   5 C'est
6 s'est   7 s'est   8 s'est   9 C'est   10 c'est.

25 1 Il   2 C'   3 Ils   4 Ce   5 c'   6 Il
7 C'   8 Ils.

26 1 C'   2 Ils   3 Il   4 C'   5 Elle – c'   6 Ce
7 Ce   8 Ils.

27 1 C'est toi qui as fait ce travail ?   2 Ce sont tes
voisins qui ont cette voiture ?   3 Il est tard ?
4 Il est interdit de se garer ici ?   5 C'est lui qui
dirige l'usine ?   6 Qui est-ce ?   7 C'est qui ?
8 C'est toi qui as cassé ce verre ?

UNITÉS 52-59

1 1 je suivrai   2 je regarderai   3 je choisirai
4 je mettrai   5 je ferai   6 je rappellerai
7 j'essuierai   8 j'ouvrirai.

2 1 n'oublierai pas   2 écrirai   3 se passera
4 viendrai   5 dirai – saurai   6 verras – arrêterai
7 prendras   8 sera.

3 1 achèterai   2 fera   3 rangerez   4 préparerons
5 auront   6 iras.

4 1 participait   2 réussissiez   3 achetait
4 me levais   5 ouvrais   6 partaient   7 payiez
8 étudiions.

5 1 était – jouait   2 passions – faisions
3 n'étiez pas   4 avait   5 pleuvait – habitions
6 préparais – devais.

6 1 pouvions   2 étais   3 parlais   4 travaillais
5 étiez   6 avais.

7 1 connaissais   2 habitions   3 allait   4 pouvais
– faisait   5 étiez   6 choisissaient.

8 1 Il vient de passer un coup de fil il y a cinq
minutes.   2 Vous allez vous marier dimanche
prochain.   3 Je vais avoir un rendez-vous dans
cinq minutes.   4 Nous sommes en train de
regarder la télé.   5 Il vient de sonner à la porte
tout à l'heure.   6 Tu vas sortir ce soir ?
7 Elle est en train de faire ses devoirs dans sa
chambre.   8 Il vient de quitter son pays
récemment.

9 1 Je vais l'inviter.   2 Ils viennent de rentrer.
3 Ils sont en train de dormir.   4 Ils viennent de
sortir.   5 Je ne vais pas y aller.   6 Je ne vais
plus en avoir besoin.

10 1 d   2 a   3 f   4 e   5 b   6 c.

11 1 modifierions   2 sortiriez   3 espérerait
4 te lèverais   5 souffrirait   6 appelleraient
7 voyagerais   8 comprendrions.

12 1 voudrais   2 Pourriez   3 intéresserait
4 devriez   5 vaudrait   6 faudrait   7 aimeriez
8 Sauriez.

13 1 aimerais   2 sauraient   3 pourrais   4 devriez
5 aurions   6 serait.

14 1 a prendrais   2 c ferais   3 d laisserait
4 f te musclerais   5 b viendrais   6 e pourrais.

15 1 verrez – reviendra – s'excusera   2 n'aurais
pas   3 iront   4 voudrais   5 aura
6 ne devrais/devras pas.

16 1 que   2 dont   3 où   4 qui   5 dont   6 que
7 qui   8 où.

17 1 a dont   b que   c qui   2 a qui   b que   c où
3 a qui   b dont   c que   4 a que   b qui   c dont
5 a qui   b dont   c que   6 a où   b qui   c que.

18 1 C'est la leur.   2 C'est le sien.   3 C'est le sien.
4 Ce sont les siennes.   5 Ce sont les siens.
6 Ce sont les tiens ?

19 1 le tien   2 le mien   3 la vôtre   4 la tienne
5 les vôtres – les leurs   6 les tiennes.

20 1 celle – celle   2 celles   3 Celui   4 ceux
5 celui   6 celle.

21 1 ceux   2 le tien   3 les nôtres   4 celles-là
5 celui   6 les leurs.

22 1 ce que   2 ça   3 Ce que   4 ce qui   5 Cela
6 Ce dont.

23 1 celle   2 celui   3 ça   4 celui   5 ceux
6 ce qui   7 celui   8 celui.

24 1 celui   2 celui   3 ceux   4 celle   5 ceux
6 ceux   7 celle   8 celles.

25 1 C'   2 ça   3 Ça   4 ça   5 ce que   6 Ce
dont   7 ce qui   8 ça.

26 1 Celui-ci – celui-là   2 Cela/Ça   3 ce qu'
4 ça   5 celle   6 celle-là   7 ce que   8 celui.

RÉVISIONS B1

UNITÉS 60-67

1 1 plus – que   2 plus – que   3 plus – que
4 aussi – que   5 moins – que   6 aussi – que.

2 1 L'hôtel *Méditerranée* a autant de chambres que
l'hôtel *Beaulieu*.   2 Dans mon immeuble, il y a
moins d'appartements que dans celui de ma
cousine. Dans l'immeuble de ma cousine, il y a
plus d'appartements que dans le mien.
3 J'ai moins de chats que mon cousin.
Mon cousin a plus de chats que moi.
4 Il achète plus de journaux que de revues par
semaine. Il achète moins de revues que de
journaux par semaine.   5 Dans mon bureau,
il y a moins d'employés que dans le leur. Dans
leur bureau, il y a plus d'employés que dans le
mien.   6 Elle achète plus de baguettes que de
pains de campagne. Elle achète moins de pains
de campagne que de baguettes.

3 1 Ma voisine travaille plus que son mari. Le mari
de ma voisine travaille moins qu'elle.
2 Je dors plus que ma mère. Ma mère dort moins
que moi.   3 Au petit déjeuner, je mange plus que
mon mari. Au petit déjeuner, mon mari mange
moins que moi.   4 Ma sœur boit plus d'eau que
moi. Je bois moins d'eau que ma sœur.
5 Ils voyagent plus souvent que nous. Nous
voyageons moins souvent qu'eux.   6 Nous lisons
autant qu'eux.

4 **Propositions : 1** très   2 extrêmement   3 bien
4 extra   5 très   6 super.

5 1 Ces exercices sont les plus courts du chapitre.
2 Cette activité est la moins rentable de toutes
celles que j'ai entreprises.   3 Ce professeur est le
plus exigeant de cette classe.   4 Ce roman est le
moins intrigant de ceux que j'ai lus.
5 Cette marque est la plus efficace de toutes
celles que j'ai essayées.   6 Ce plat est le moins
épicé de cette carte.

6 1 très – le plus consciencieux   2 très – le plus
cher   3 très – la plus difficile   4 très – le moins
sportif   5 très – les plus appréciés   6 très – le
plus chaud.

7 1 tous   2 toute   3 aucun   4 Toutes   5 Tout
6 aucune.

8 1 nombreux 2 Plusieurs 3 Plusieurs
4 nombreuses 5 nombreuses 6 plusieurs

9 1 Oui, j'y vais chaque dimanche. 2 Oui, j'ai
quelques jours de vacances. 3 Oui, j'ai
plusieurs tapis orientaux. 4 Non, je n'ai vu
aucun film de ce comédien. 5 Non, je ne
connais aucune station de ski de cette région.
6 Oui, je connais certains de ses romans.

10 1 plusieurs 2 nombreux 3 nombreuses
4 aucun 5 chaque 6 chaque.

11 1 Comment 2 Comme 3 exprès 4 debout
5 malheureusement 6 plutôt bien.

12 1 clairement 2 silencieusement
3 responsablement 4 attentivement
5 rapidement 6 vraiment 7 sûrement
8 sottement.

13 1 régulièrement 2 lentement 3 généralement
4 entièrement 5 également 6 totalement.

14 1 quelquefois 2 toujours 3 jamais
4 longtemps 5 bientôt 6 souvent.

15 1 rarement 2 longtemps 3 Autrefois
4 Jusqu'à présent 5 Bientôt 6 toujours.

16 1 Elle le lui prête. 2 Il les lui fait. 3 Tu les
leur demandes. 4 Nous les lui laissons.
5 Je le lui loue. 6 Il me la remet. 7 La police
nous les demande. 8 Il les lui a déchirées.

17 1 laquelle 2 Auquel 3 Lequel 4 Lequel
5 Auxquels 6 Laquelle.

18 1 f 2 e 3 d 4 c 5 b 6 a

19 1 te plaît 2 vous voulez 3 tu as invité
4 Avec quoi 5 ce que 6 qui a.

20 1 Personne n'est présent aujourd'hui.
2 Elle ne mange rien avant de sortir.
3 Aucun de mes amis n'est parti en vacances.
4 Nous n'avons rien compris. 5 Je ne connais
personne ici. 6 Ils ne veulent rien refaire.

21 1 e 2 f 3 b 4 d 5 a 6 c.

22 1 trop 2 beaucoup 3 peu 4 plusieurs
– quelques-uns – tous 5 personne 6 n'importe
quoi 7 quelque chose 8 quelqu'un.

23 1 Certains 2 Quelques-unes 3 Certaines
4 Certaines 5 certains 6 quelques-uns
7 quelqu'un 8 quelques-unes 9 quelqu'un
10 quelqu'un.

24 1 Ils ne s'occupent de rien. 2 Elle ne dit
bonjour à personne. 3 Il ne mange rien.
4 Il n'a rien compris. 5 Tu ne peux rien faire.
6 Vous n'avez rien étudié. 7 Rien n'est clair.
8 Rien ne marche parfaitement.

UNITÉS 68-78

1 1 a rangé – est sortie 2 avons organisé
3 ont louées 4 a été – es devenue 5 ai appris
– s'est passé 6 sont rentrés.

2 1 se sont téléphoné 2 t'es amusé – ai dansé
3 se sont rencontrés 4 s'est lavé – est sortie
5 s'est réveillée – a réveillé 6 me suis acheté.

3 1 a conseillés 2 avez monté 3 se sont
rencontrées 4 n'en ai pas acheté 5 se sont
souri – se sont rencontrés 6 a laissées.

4 1 Elle avait passé ses week-ends à la campagne.
2 Ils n'avaient pas pu les aider. 3 Il n'avait pas
écouté mes conseils. 4 Elle n'avait pas
apprécié ma réaction. 5 Ils n'avaient pas pris
ça au sérieux. 6 Vous les aviez rencontrés
souvent ?

5 1 avait visité 2 avions fait 3 avaient eu
4 aviez pris 5 avais dit 6 avais rangé.

6 1 étions allés 2 avaient séjourné 3 étaient
rentrés 4 était venue 5 étions sortis
6 avions loué.

7 1 était déjà sorti 2 était déjà fini 3 avait
commencée 4 avaient loué 5 avaient
conseillés 6 aviez empruntés.

8 1 avais mis 2 avait travaillé 3 aviez invité
4 s'était excusée 5 avions eu 6 avais suivi.

9 1 c avions pris 2 f s'était entraîné
3 e avions pu 4 a aviez fait 5 b avaient pris.
6 d avait mangé.

10 Réponses libres.

11 1 allant 2 finissant 3 choisissant 4 faisant
5 disant 6 étant.

12 1 trouvant 2 dormant 3 ayant 4 devant
5 voulant 6 sachant.

13 1 différentes 2 différents 3 adhérant
4 équivalents 5 convainquant 6 influent.

14 1 En écoutant leur conversation, j'ai compris
qu'ils avaient des problèmes financiers.

2 Cette fille étant timide, nous essayons de l'encourager.   **3** Ne les ayant pas rencontrés, nous n'avons pas pu les rencontrer.   **4** En allant à la salle de gym, j'ai rencontré mon prof de géo.   **5** Étant au régime, elle ne va jamais au restaurant.   **6** Cette station de ski n'étant pas très connue, il faudrait la publiciser davantage.

15 **1** chante – chantiez – chantent   **2** regardes – regarde – regardions   **3** finisse – finisses – finissiez   **4** attende – attendions – attendent   **5** sorte – sortes – sortent   **6** dise – disiez – disent.

16 **1** aille – allions – alliez   **2** viennes –veniez – viennent   **3** doive – doives – doivent   **4** sois – soyons – soyez   **5** fasse – fassiez – fassent   **6** boive – boive – buviez.

17 **1** ait   **2** soit   **3** n'ayez pas   **4** contactiez   **5** doives   **6** rentriez.

18 **1** est   **2** puissent   **3** soyez   **4** fasses   **5** aient   **6** deviez.

19 **1** Je ne crois pas qu'il sache la vérité.   **2** Nous ne pensons pas qu'il vienne avec nous.   **3** Je ne pense pas qu'elle veuille déménager.   **4** Je ne crois pas que tu boives trop de café.   **5** Ils ne croient pas qu'ils fassent leur possible pour résoudre ce problème.   **6** Nous ne croyons pas que vous puissiez être de bons conseils.

20 **1** Crois-tu qu'il y ait encore des places libres ?   **2** Pensez-vous que ce soit une bonne solution ?   **3** Croyez-vous qu'ils puissent réussir ?   **4** Pense-t-il que ses collègues soient compétents ?   **5** Croit-elle que ce cours soit intéressant ?   **6** Croient-ils que leurs voisins veuillent déménager ?

21 **1** Il m'a demandé de ne pas partir sans lui.   **2** Je l'ai prié de ne pas venir au bureau ce matin.   **3** Ils lui ont recommandé de ne pas leur téléphoner dans l'après-midi.   **4** Nous lui avons déconseillé de ne pas faire ce voyage.   **5** Il nous a dit de ne pas refaire tout le travail.   **6** Ils nous ont conseillé de ne pas faire ces vaccinations.

22 **1** Il faut les finir.   **2** Je dois l'accompagner à la gare.   **3** Nous voulons les inviter.   **4** Vous voulez lui avouer la vérité ?   **5** Je veux les voir.   **6** Nous sommes en train de les examiner.

23 **1** Le proviseur a rédigé une circulaire.   **2** Une entreprise allemande a réalisé ces travaux.   **3** L'office de tourisme publicise ces localités.   **4** Les touristes allemands apprécient cette station balnéaire.   **5** La BNP ouvrira une nouvelle succursale.   **6** Cette agence organise de nombreux stages à l'étranger.

24 **1** Cette excursion est organisée par le prof de maths.   **2** Les élèves sont grondés par le proviseur.   **3** Ce musée sera réaménagé par cet architecte.   **4** Cet appareil a été réparé par mon mari.   **5** La question avait été examinée par le directeur.   **6** Le ministre de l'Éducation nationale annoncera la réforme.

25 **1** a-t-elle été conçue   **2** a été inaugurée   **3** est utilisée   **4** est citée   **5** a été tiré.

26 **1** Il admet qu'il est coupable.   **2** Ils disent qu'ils sont satisfaits.   **3** Elle communique qu'elle fera un stage.   **4** Il dit que ces hôtels sont bien équipés.   **5** Ils annoncèrent qu'ils s'occuperaient de ce projet.   **6** Ils disaient qu'ils avaient raison.

27 **1** Il m'a répondu qu'il n'était pas d'accord avec ma proposition.   **2** Ils annoncèrent qu'ils se marieraient en septembre.   **3** Ils disaient qu'ils étaient très satisfaits de leur travail.   **4** Ils ont déclaré qu'ils avaient l'intention de prendre des mesures sévères contre la criminalité.   **5** Elle a demandé ce qui nous énervait.   **6** Ils ont dit qu'ils partiraient immédiatement.

28 **1** Ils ont dit qu'ils partiraient le lendemain.   **2** Il a communiqué qu'il avait traduit tous les documents la veille.   **3** Il demande ce qui se passe.   **4** Elle veut savoir ce qu'ils préfèrent.   **5** Je vous demande ce que c'est que cet objet.   **6** Elle veut savoir quelles sont leurs intentions.

29 **1** Je leur demande ce qu'ils veulent acheter.   **2** Il lui demande quels sont ses loisirs préférés.   **3** Elle a annoncé qu'elle déménagerait le mois suivant.   **4** Il demande ce qui est arrivé.   **5** Elle a dit qu'elle les avait rencontrés la semaine précédente.   **6** Ils ont dit qu'ils se marieraient l'année suivante.

30 **1** après-demain   **2** il y a   **3** au fur et à mesure que   **4** Tous les   **5** jusqu'à   **6** jusqu'à ce qu'.

31 1 après   2 à partir du   3 dans   4 toutes
5 il y a   6 avant.

32 1 À   2 tous   3 par   4 il y a   5 Depuis
6 jusqu'à.

33 1 c   2 e   3 a   4 f   5 b   6 d.

34 1 pouvons   2 aidais   3 pourrions   4 avait pris
5 aurait obtenu   6 aurez.

35 1 choisirait   2 pourrons   3 avait trouvé
4 avait eu.

36 1 obtiendrait   2 laisseraient   3 y aurait
4 voudriez   5 confirmiez   6 auriez.

37 1 ferait beau   2 arriverais en retard   3 seriez
plus prudents   4 aurait besoin de   5 insisterait
6 pleuvrait.

38 1 En cas de   2 à condition qu'   3 Même s'
4 comme si   5 Au cas où   6 au risque de.

39 1 y aurait   2 neige   3 fasse   4 soyez
5 aurait   6 soit   7 renonce   8 ne soit pas.

40 1 Au cas où tu le verrais, dis-lui de m'appeler.
2 Au cas où vous arriveriez en retard, nous vous
attendrons.   3 Au cas où j'aurais des jours de
congé, je te le dirai.   4 Au cas où vous auriez
des problèmes, prévenez-nous.   5 Au cas où ils
feraient ce voyage, ils nous enverront des cartes
postales.   6 Au cas où elle serait disponible, je
te le dirai.

RÉVISIONS **B2**

UNITÉS 80-90

1 1 quelque   2 autre   3 telle   4 tel – tous
5 d'autres   6 n'importe quel.

2 1 chaque   2 quelconque   3 des autres
4 Toutes   5 tout   6 tout.

3 1 d'autres   2 des autres   3 des autres
4 d'autres   5 d'autres   6 des autres.

4 1 pour lequel   2 auquel   3 dans lequel
4 de laquelle   5 pour laquelle   6 de laquelle.

5 1 desquels   2 à laquelle   3 auquel   4 duquel
5 laquelle   6 auxquels.

6 1 qui   2 lequel   3 laquelle   4 qui
5 auxquelles   6 lesquels.

7 1 auquel   2 qui   3 qui   4 laquelle   5 qui
6 lesquelles.

8 1 Il s'agit d'une histoire incroyable !   2 Il faut
tout refaire.   3 Il reste du rôti de veau.   4 Il
suffit de remplir cette fiche pour s'inscrire.   5 Il
vaut mieux partir tout de suite.   6 Il manque du
sel.

9 1 il faut   2 il vaut mieux   3 il arrive   4 il reste
5 il existe   6 il y a.

10 1 il pleut – il y a   2 ça suffit   3 il suffit de
4 il neige   5 il se passe   6 il faut.

11 1 est   2 veuille   3 va   4 arrivent   5 est
6 allions.

12 1 f   2 b   3 a   4 d   5 c   6 e.

13 1 Elle est si mignonne !   2 Ils sont tellement
insupportables !   3 Qu'est-ce que vous êtes
bavards !   4 Comme elles sont nerveuses !
5 Que c'est compliqué !   6 Comme il est
charmant !

14 1 Elle est si adorable !   2 Il est toujours si
nerveux !   3 Ils sont si chers !
4 Il est si intéressant !   5 Ils sont si difficiles !
6 Ils sont si précieux !

15 1 Combien   2 Combien de   3 Combien
4 Combien de   5 Combien de   6 Combien.

16 1 fûtes   2 eûmes   3 allèrent   4 nagea
5 finis   6 sortis.

17 1 durent   2 pus   3 voulurent   4 fîmes
5 attendit   6 lurent   7 vécut   8 sut   9 mirent
10 répondit.

18 1 durent   2 fit   3 ne voulut pas   4 partîmes
5 colonisèrent – laissèrent   6 fut.

19 1 se convertit – devint   2 eurent   3 décidâmes
4 remania – ajouta   5 révoqua   6 fit.

20 1 lutta   2 conquit   3 débarquèrent   4 tomba
5 tua   6 s'installa.

21 1 il aura trouvé   2 elle aura fini   3 j'aurai
regardé   4 nous serons allés   5 ils seront
partis   6 elle sera arrivée   7 vous aurez connu
8 vous aurez répondu.

22 1 vous aurez fait   2 il aura attendu   3 nous
aurons pris   4 ils seront sortis   5 elle sera
rentrée   6 vous serez venus   7 vous aurez
dormi   8 elle sera rentrée.

23 **1** aurez rangé   **2** aurons fini   **3** aura lu
4 auront fait   **5** sera rentrée   **6** aurons visité.

24 Réponses libres.

25 **1** Je ne dis plus rien puisque tu as toujours
raison.   **2** Étant donné qu'elle est si riche, elle
pourrait faire des œuvres de bienfaisance.
3 Comme la pollution augmente, l'effet de serre
se fait de plus en plus sentir.   **4** Du moment
qu'il est parti, on décide à sa place.   **5** Vu qu'il
fait très chaud, il vaut mieux allumer la clim.
6 Comme il est tard, il faut rentrer.

26 **1** En effet   **2** étant donné que   **3** faute de
4 parce que   **5** grâce à   **6** parce que
7 d'autant plus que   **8** car.

27 Réponses libres.

28 **1** en vue de   **2** afin que   **3** dans l'espoir de
4 de crainte que   **5** de manière à   **6** pour que.

29 Réponses libres.

30 **1** si… que   **2** de manière que   **3** tellement
de… que   **4** par conséquent   **5** de manière à
6 d'où.

31 Réponses libres.

32 **1** d'où   **2** c'est pour cela   **3** par conséquent
4 tellement   **5** tant de   **6** de telles.

33 **1** ne pouvez pas   **2** est   **3** aient
4 ne soient pas   **5** pleuve   **6** doit.

34 **1** Malgré   **2** de manière qu'   **3** Au lieu de
4 Contrairement   **5** d'où   **6** c'est pourquoi.

35 **1** as   **2** soit   **3** pourras   **4** soit   **5** est   **6** est.

36 **1** faites   **2** avez mis   **3** passent   **4** ont fait
5 sont allés   **6** avais garé.

37 **1** rentrera   **2** trouveraient   **3** viendrait
4 arriverait   **5** prendraient   **6** ferait.

38 **1** Tu ne penses pas qu'il puisse réussir. Est-ce
que tu penses-tu qu'il peut réussir ? Ne penses-
tu pas qu'il puisse réussir ?   **2** Vous ne croyez
pas que cette recherche est utile. Est-ce que
vous croyez que cette recherche est utile ? Ne
croyez-vous pas que cette recherche soit utile ?

3 Ils n'estiment pas que ce cas soit très
compliqué. Est-ce que qu'ils estiment que ce cas
est compliqué ? N'estiment-ils pas que ce cas
soit compliqué ?   **4** Il ne croit pas que notre
offre ait beaucoup d'avantages. Est-ce qu'il croit
que notre offre a beaucoup d'avantages ? Ne
croit-il pas que notre offre ait beaucoup
d'avantages ?   **5** Elles ne pensent pas que leur
travail soit monotone. Est-ce qu'elles pensent
que leur travail est monotone ? Ne pensent-elles
pas que leur travail soit monotone ?   **6** Ils ne
croient pas qu'il soit possible de trouver une
solution. Est-ce qu'ils croient qu'il est possible
de trouver une solution ? Ne croient-ils pas qu'il
soit possible de trouver une solution ?

39 **1** sont   **2** aient   **3** viendront   **4** puissent
5 trouvera   **6** sont.

40 **1** ne soyons pas   **2** est/serait   **3** est   **4** soit
5 ne pouvons pas   **6** te rends compte   **7** a
8 vaut   **9** se passera.

41 **1** ce qu'il a.   **2** qui les accompagnera en
voyage de fin d'année à Barcelone.   **3** ce que
tu me conseilles de faire.   **4** ce qu'il avait fait
dimanche dernier.   **5** ce qui les préoccupe.
6 ce qui va se passer.

42 **1 d** soit   **2 g** puisse   **3 h** doit   **4 b** viendras
5 c ferez   **6 a** soit   **7 e/f** sont   **8 e/f** ont.

43 **1** chercherait   **2** marierait   **3** viendriez
4 s'occuperaient   **5** trouverait   **6** prendraient
7 s'occuperait   **8** ferait.

44 **1** voulait   **2** est/sera   **3** passerais   **4** était
5 s'agit   **6** accepteraient   **7** ayons   **8** fassions
9 dises   **10** avait.

Tests supplémentaires de vérification

NOM .... PRÉNOM .... DATE ....

1 Complétez les phrases avec un article défini.

Vous aimez…

1 .... musique classique ?

2 .... escargots à la bourguignonne ?

3 .... thé à la menthe ?

4 .... pâtes à la sauce tomate ?

5 .... tarte Tatin ?

6 .... croissants ?   ..... / 6

2 Complétez les phrases avec un article indéfini.

Vous avez…

1 .... voiture ?

2 .... ciseaux ?

3 .... stylo noir ?

4 .... journaux étrangers ?

5 .... timbres ?

6 .... cravate en soie ?   ..... / 6

3 Complétez les phrases avec un article contracté.

Vous allez…

1 .... cinéma ?

2 .... gare ?

3 .... États-Unis ?

4 .... bureau d'accueil ?

5 .... marché ?

6 .... *Galeries Lafayette* ?   ..... / 6

4 Soulignez la bonne réponse.

1 Il a *le / un / la* chat gris et noir.

2 Elle adore regarder *des / les / une* étoiles.

3 Nous détestons *des / une / les* grenouilles.

4 J'ai *l' / un / une* amie australienne.

5 *Un / Le / La* cheval est un animal intelligent.

6 C'est *la / des / une* spécialité tunisienne.   ..... / 6

5 Soulignez la bonne réponse.

1 Nous habitons *du / aux / au* premier étage.

2 Vous venez *aux / du / au* théâtre ?

3 Ils parlent *au / du / des* voyage de leurs parents.

4 Voilà le mail *du / de la / de l'*hôtel.

5 Les cahiers *de l' / aux / des* élèves sont sur la table.

6 Elle va à *la / à l' / à la* université tous les jours.   ..... / 6

TOTAL .... / 30

NOM ....   PRÉNOM ....   DATE ....

1 **Complétez les phrases avec un article partitif.**

1 Le matin, je bois toujours .... thé.

2 Je mange .... viande.

3 Tu veux .... biscuits ?

4 Il y a .... eau minérale dans le frigo.

5 Je voudrais encore .... poisson.

6 Je dois acheter .... confiture.

..... / 6

2 **Complétez les phrases avec un article partitif ou avec** *de / d'*.

1 Le soir, il mange toujours .... jambon.

2 Il ne boit pas .... lait.

3 Tu veux .... frites ?

4 Il y a .... beurre dans le frigo.

5 Je voudrais encore .... poulet.

6 Je dois acheter .... mayonnaise.

..... / 6

3 **Complétez les phrases avec un article partitif ou avec** *de / d'*.

1 Tu as .... temps de libre demain ?

2 Je ne veux pas .... pain.

3 Vous prenez .... jambon ?

4 Nous préférons manger .... fruits.

5 Tu ne veux pas .... viande ?

6 Il n'achète pas .... biscuits.

..... / 6

4 **Complétez les phrases avec un article partitif ou avec** *de / d'*.

1 Je prends .... pommes dauphines.

2 Tu ne veux pas .... thé ?

3 Il ne mange jamais .... viande.

4 Tu préfères .... frites ou une salade verte ?

5 Le matin, je bois toujours .... lait.

6 Il ne boit pas .... café.

..... / 6

5 **Soulignez la bonne réponse.**

1 À quatre heures, je bois toujours *de / du / de la* thé au citron.

2 Je suis végétarienne : je ne mange pas *de la / du / de* viande.

3 Ils travaillent avec *de l' / – / du* attention.

4 Il achète *de la / de / des* fleurs pour Marie.

5 Il a beaucoup *des / du / de* timbres.

6 Nous avons assez *du / d' / de* informations.

..... / 6

TOTAL .... / 30

NOM ....   PRÉNOM ....   DATE ....

1 **Mettez les noms entre parenthèses au féminin.**

1 C'est une (*vendeur*) .... très sympathique.

2 J'adore cette (*chanteur*) .... , elle chante très bien !

3 La (*prince*) .... Diana est morte en 1997.

4 La sœur de ma mère est ma (*oncle*) ....

5 La fille de ma sœur est ma (*neveu*) ....

6 La mère de ma mère est ma (*grand-père*) .... / 6

2 **Mettez les adjectifs au féminin.**

1 mince   ....

2 fatigué   ....

3 impulsif   ....

4 furieux   ....

5 mexicain   ....

6 charmant   .... / 6

3 **Mettez les adjectifs entre parenthèses au féminin.**

1 Elle est (*sot*) ....

2 C'est une (*bon*) .... élève.

3 Cette femme est (*fou*) ....

4 C'est la (*premier*) .... de la liste.

5 Sa femme est (*inquiet*) ....

6 Sa mère est (*sévère*) .... / 6

4 **Mettez les adjectifs entre parenthèses au féminin.**

1 C'est la (*dernier*) .... fois que je dîne dans ce restaurant !

2 La Sacher est une spécialité (*autrichien*) ....

3 Qui est la fille (*roux*) .... à côté de Dylan ?

4 C'est une (*vieux*) .... tradition de ce pays.

5 La femme de monsieur Martineau est (*grec*) ....

6 Elle a une (*beau*) .... jupe.   ..... / 6

5 **Récrivez les phrases en mettant l'adjectif au féminin.**

1 Il est anglais, elle est ....

2 Il est tunisien, elle est ....

3 Ils sont français, elles sont ....

4 Il est turc, elle est ....

5 Nous sommes américains, elles sont ....

6 Vous êtes espagnols, elles sont .... / 6

TOTAL .... / 30

NOM .... PRÉNOM .... DATE ....

1 **Mettez les noms au pluriel.**

1 Un film ....

2 Un élève ....

3 La porte ....

4 La table ....

5 Le professeur ....

6 Une collégienne .... / 6

2 **Mettez les adjectifs au pluriel.**

1 national .... **4** délicieux ....

2 jeune .... **5** japonais ....

3 final .... **6** doux .... / 6

3 **Mettez les groupes nominaux au pluriel.**

1 Un bijou précieux ....

2 Un caillou pointu ....

3 Un beau pays ....

4 Un journal français ....

5 Un travail intéressant ....

6 Un jeu ennuyeux .... / 6

4 **Mettez les groupes nominaux au pluriel.**

1 Un bon lycéen ....

2 Un chou frais ....

3 Un puits profond ....

4 Un bateau fluvial ....

5 Un travail ennuyeux ....

6 Un gâteau délicieux .... / 6

5 **Complétez les phrases avec les mots proposés, puis mettez-les au pluriel.**

animal   château   chou   pou   travail   vitrail

1 Dans cette cathédrale, il y a de magnifiques ....

2 Dans la vallée de la Loire il y a beaucoup de ....

3 J'adore les .... de Bruxelles.

4 Ce shampooing est très efficace contre les ....

5 Les tigres sont des .... très féroces.

6 La piscine est fermée pour cause de .... / 6

TOTAL .... / 30

NOM .... PRÉNOM .... DATE ....

1 **Soulignez la bonne réponse.**

   1 Elles *sont / ont / sommes* espagnoles.
   2 Ils *sont / ont / avez* sommeil.
   3 À qui *ont / sont / êtes* ces dépliants ?
   4 Tu *as / es / est* fatigué ?
   5 Il *est / es / a* architecte.
   6 Quel âge *as / est / es*-tu ?   ..... / 6

2 **Mettez les phrases au pluriel.**

   1 Je suis musicien. Nous ....
   2 Il est anglais. Ils ....
   3 Elle a tort. Elles ....
   4 Tu as besoin de quelque chose ? Vous ....
   5 J'ai un chat siamois. Nous ....
   6 Il a l'intention d'accepter. Ils .... / 6

3 **Complétez les phrases avec le verbe *être* ou *avoir*.**

   1 Ils .... irlandais.
   2 Je voudrais un sandwich, j' .... faim.
   3 Nous .... très intéressés.
   4 Il .... envie de partir en voyage.
   5 À qui .... ce blouson ?
   6 Tu .... mal à la jambe ?   ..... / 6

4 **Complétez les phrases avec le verbe *être* ou *avoir*.**

   1 Quel âge .... -tu ?
   2 Est-ce qu'ils .... sommeil ?
   3 Les enfants .... soif.
   4 Elle .... lycéenne.
   5 Il y .... beaucoup de musées dans cette ville.
   6 Tu .... mal à la jambe ?   ..... / 6

5 **Soulignez la bonne réponse.**

   1 Vous *êtes / est / avez* vendeuse, madame ?
   2 Monsieur Dupont *es / est / a* journaliste.
   3 Il *a / a / est* toujours faim.
   4 Nous *avons / sommes / ont* toujours pressés.
   5 Nous *sommes / avons / avez* besoin de vous.
   6 Il *est / es / et* en retard.   ..... / 6

                                                         TOTAL .... / 30

Unité 15 **Le présent de l'indicatif : les verbes en *-er* (1)**
Unité 16 **Le présent de l'indicatif : les verbes en *-er* (2)**

Fiche 6 **A1**

NOM .... PRÉNOM .... DATE ....

1 **Complétez les verbes avec les terminaisons *-e, -es, -ons, -ez, -ent*.**

1 Elle se lèv .... tard.

2 Tu march .... sur la pelouse.

3 J'écout .... les infos à la radio.

4 Vous chant .... faux.

5 Ils regard .... le match à la télé.

6 Nous habit .... près de l'école.

..... / 6

2 **Soulignez la bonne réponse.**

1 Elle *étudie / étudies / étudient* à Lyon.

2 Nous *mangent / mangez / mangeons* beaucoup de fruits.

3 Où *vais / va / vas*-tu en vacances ?

4 Comment tu t'*appelle / appelles / appelez* ?

5 À quelle heure vous *commence / commencent / commencez* à travailler ?

6 Ils *travaillons / travailler / travaillent* dans un bureau.

..... / 6

3 **Conjuguez les verbes selon les indications données.**

1 **Espérer :** j'..

2 **Acheter :** nous ....

3 **Se lever :** vous ....

4 **Nettoyer :** tu ....

5 **Envoyer :** ils ....

6 **Payer :** nous ....

..... / 6

4 **Soulignez la bonne réponse.**

1 Il *habite / habites / habitent* à Marseille.

2 Elle *achete / achètes / achète* des chaussures.

3 Vous *parle / parlez / parlent* français ?

4 Il *exagère / exagére / exagèrent* toujours.

5 Le film *commence / commencent / commençe* à huit heures.

6 D'habitude, elle *se leve / se lève / se léve* tard.

..... / 6

5 **Complétez les verbes avec *e, é* ou *è*.**

1 Il ach............... te.

2 Tu ach............... tes.

3 Vous ach............... tez.

4 Nous esp............... rons.

5 J'esp............... re.

6 Vous vous l............... vez.

..... / 6

TOTAL .... / 30

A1 Fiche 7

Unité 17 **Le présent de l'indicatif : les verbes en *-ir* (1)**
Unité 18 **Le présent de l'indicatif : les verbes en *-ir* (2)**

NOM .... PRÉNOM .... DATE ....

1 **Conjuguez les verbes entre parenthèses au présent de l'indicatif.**

  1 Nous (*réfléchir*) .... avant de parler.
  2 Elle mange trop et elle (*grossir*) ....
  3 Nous (*obéir*) .... aux règles de conduite de l'école.
  4 Ils (*choisir*) .... un cadeau pour leur mère.
  5 Ils (*partir*) .... demain soir.
  6 Nous lui (*offrir*) .... un joli bouquet pour son anniversaire.   ..... / 6

2 **Soulignez la bonne réponse.**

  1 Tu n'*obéit / obéis / obéissent* pas à ta mère ! C'est mal !
  2 Elles *choisissons / choisissez / choisissent* des cadeaux pour leurs amis.
  3 *Elle / Tu / Ils* agit avec conscience.
  4 Nous *établissent / établissez / établissons* des règles précises.
  5 *Nous / Ils / Vous* réussissez à obtenir de bons résultats.
  6 Ces employés *fournissons / fournissent / fournissez* des informations importantes.   ..... / 6

3 **Complétez avec *-ons*, *-issons*, *-ez*, *-issez*, *-ent*, *-issent* selon les cas.**

  1 Nous chois.. .
  2 Vous dorm ....
  3 Nous part.. .
  4 Vous maigr.. .
  5 Ils fin ....
  6 Elles ouvr.. .   ..... / 6

4 **Conjuguez les verbes entre parenthèses au présent de l'indicatif.**

  1 Quand tu (*partir*) .... ?
  2 Je (*venir*) .... avec vous.
  3 Ils (*vouloir*) .... faire un voyage en Tunisie.
  4 Je (*ne pas pouvoir*) .... sortir parce que je (*devoir*) .... étudier.
  5 J'(*offrir*) .... un cadeau à Marc pour son mariage.
  6 Elle (*souffrir*) .... beaucoup à cause de la chaleur.   ..... / 6

5 **Soulignez la bonne réponse.**

  1 Ils *finissent / finent / finisent* leurs devoirs.
  2 Elle *cueille / cueilles / cueillit* des fleurs.
  3 Je *remplis / remplit / rempli* ce formulaire.
  4 Elle *dorme / dors / dort* encore ?
  5 Je *parte / par / pars* demain.
  6 Tu *veux / veut / veu* encore de la glace ?   ..... / 6

TOTAL .... / 30

Unité 19 **Le présent de l'indicatif : les verbes en *-re* (1)**
Unité 20 **Le présent de l'indicatif : les verbes en *-re* (2)**

Fiche 8 **A1**

NOM .... PRÉNOM .... DATE ....

1 **Conjuguez les verbes selon les indications données.**

1 **Rompre :** il ....

2 **Prendre :** il ....

3 **Répondre :** tu ....

4 **Mettre :** je ....

5 **Comprendre :** nous ....

6 **Attendre :** je .... / 6

2 **Conjuguez les verbes selon les indications données.**

1 Je connais – il ....

2 Je crois – vous ....

3 Tu peins – nous ....

4 Il fait – vous ....

5 Nous buvons – ils ....

6 Nous lisons – tu .... / 6

3 *Tu* ou *il* ? **Complétez les verbes avec le pronom personnel sujet qui convient**

1 .... répond

2 .... promets

3 .... peux

4 .... voit

5 .... comprends

6 .... met ..... / 6

4 **Soulignez la bonne réponse**

1 À quelle heure tu *prend / prendes / prends* ton petit-déjeuner ?

2 Qu'est-ce que vous *faites / faitez / faisez* ce soir ?

3 Nous *boivons / buvons / bevons* beaucoup d'eau minérale.

4 Qu'est-ce que vous *ditez / dites / disez* ?

5 Il ne *vois / voit / voient* pas bien.

6 Tu *mets / met / mettez* une jupe. ..... / 6

5 **Conjuguez les verbes entre parenthèses au présent de l'indicatif.**

1 Tu (*comprendre*) .... ce que dit le professeur ?

2 Je suis très distrait, je (*mettre*) .... du sel dans mon café.

3 Vous (*apprendre*) .... l'allemand à l'école ?

4 Tu (*entendre*) .... ce bruit ?

5 Je (*ne pas entendre*) .... ce qu'il dit.

6 Mes parents (*ne pas connaître*) .... ce monsieur. ..... / 6

TOTAL .... / 30

NOM ....   PRÉNOM ....   DATE ....

1 **Mettez les verbes à l'impératif affirmatif.**

  1 Tu chantes. ....

  2 Nous y allons. ....

  3 Vous parlez. ....

  4 Tu y vas. ....

  5 Tu le fais. ....

  6 Vous y allez. .... / 6

2 **Conjuguez les verbes aux trois personnes de l'impératif.**

  1 Y aller   **2 Venir**

  ....

  ....

  .... / 6

3 **Soulignez la bonne réponse.**

  1 *Parle* ! / *Parles* ! / *Parlent*- moi de ton voyage !

  2 *Va / Vas / Vaz*- y immédiatement !

  3 Ne *mange / manges / mangent* pas ça !

  4 N'*ouvre / ouvres / ouvrent* pas ce tiroir !

  5 *Laisses / Laisse / Laissent* la porte ouverte !

  6 *Fai / Fais / Font* tes devoirs ! ..... / 6

4 **Récrivez les phrases en mettant le verbe à l'impératif.**

  1 Tu ranges ta chambre. .... ta chambre !

  2 Vous prenez un dessert. .... un dessert !

  3 Nous regardons un film à la télé. .... un film à la télé !

  4 Tu vas à la boulangerie. .... à la boulangerie !

  5 Nous faisons une pizza. .... une pizza !

  6 Tu choisis ce modèle. .... ce modèle ! ..... / 6

5 **Récrivez les phrases à l'impératif négatif.**

  1 Allez dans ce bistrot !   ....

  2 Prends cette marque de dentifrice ! ....

  3 Parle de ce problème à tes amis ! ....

  4 Recopie tout ! ....

  5 Bavardez entre vous ! ....

  6 Marchons sur le tapis! .... / 6

TOTAL .... / 30

Unité 22   Les pronoms personnels sujets
Unité 23   Les pronoms personnels toniques

NOM	PRÉNOM	DATE ....

1 **Complétez les phrases avec le pronom personnel sujet qui convient.**

   1 .... as quinze ans.

   2 .... ai un cours de tennis aujourd'hui.

   3 .... a des amis en Italie.

   4 .... avons un rendez-vous cet après-midi.

   5 .... avez son numéro de téléphone ?

   6 .... ont un contrôle de maths.   ..... / 6

2 **Soulignez la bonne réponse.**

   1 *Je / Il / Tu* est infirmier.

   2 Ici, *on / tu / ils* parle allemand.

   3 À quelle heure, *vous / nous / ils* finissez de travailler ?

   4 *Vous / Elles / Ils* êtes anglaises ?

   5 *Elle / Tu / Elles* font du ski.

   6 *Il / Tu / Elle* est fâché ?   ..... / 6

3 **Complétez les phrases avec le pronom tonique qui convient.**

   1 Elle s'appelle comment, ... ?

   2 ...., je prends un thé.

   3 Qu'est-ce que tu prends, ... ?

   4 ...., il ne parle pas allemand.

   5 ...., je parle français. Tu parles français, ... aussi ?   ..... / 6

4 **Soulignez la bonne réponse.**

   1 *Moi / Lui / Toi*, tu n'as pas envie de sortir !

   2 Toi et moi, *nous / vous / ils* pouvons faire un beau voyage.

   3 Vous vous entendez bien, ton frère et *lui / toi / elle* ?

   4 Vous exagérez, *toi / eux / vous* !

   5 *Elles / Eux / Vous*, ils sont insupportables.

   6 Tu es d'accord, *elle / moi / toi* ?   ..... / 6

5 **Remplacez les expressions soulignées par un pronom personnel complément tonique.**

   1 Je vais à la plage avec <u>mes amis</u>.   ....

   2 Nous avons rendez-vous chez <u>Juliette</u>.   ....

   3 Je parle allemand avec <u>Dieter</u>.   ....

   4 Vous allez au cinéma avec <u>Myriam et Karine</u>. ....

   5 J'y vais avec <u>toi et Julien</u>.   ....

   6 Elle fait une tarte pour <u>toi et moi</u>.   .... / 6

TOTAL .... / 30

NOM ....   PRÉNOM ....   DATE ....

1   **Complétez les phrases avec le verbe impersonnel qui convient conjugué au présent de l'indicatif.**

pleuvoir   rester   s'agir   se passer   valoir mieux   y avoir

    1   N'oublie pas ton parapluie : .... !

    2   .... d'un congrès international de médecins.

    3   Est-ce qu'............................. encore de la glace ?

    4   Qu'est-ce qu'............................. ? Tu as des soucis ?

    5   .... ne pas sortir : il pleut trop !

    6   .... des choses bizarres.   ..... / 6

2   **Récrivez les phrases en utilisant le verbe *falloir*.**

    1   Il est nécessaire de partir.   ....

    2   J'ai besoin d'un couteau.   ....

    3   Est-ce que tu as besoin d'une serviette ?   ....

    4   Il est nécessaire de l'aider.   ....

    5   Il est nécessaire de répondre.   ....

    6   De quoi avez-vous besoin ?   .... / 6

3   **Complétez les phrases avec *faut* ou *fait*.**

    1   Il .... beau.   **4**   Il .... jour.

    2   Il .... participer.   **5**   Il .... le laisser tranquille.

    3   Il .... une petite cuillère.   **6**   Il .... mauvais.   ..... / 6

4   **Soulignez le verbe impersonnel qui convient.**

    1   Pour éviter le stress, il *suffit de / arrive / vaut mieux* bien dormir, bouger et manger équilibré.

    2   Il *faut / semble / vaut* arriver à l'aéroport une heure avant le départ.

    3   Il *fait / faut / suffit* beau : on va à la piscine.

    4   Il *arrive / pleut / neige* souvent des malentendus.

    5   Si la température baisse encore, il va *pleuvoir / geler / faire beau*.

    6   Pour refaire ce numéro, il *suffit / fait / manque* d'appuyer sur la touche étoile.   ..... / 6

5   **Complétez les phrases en choisissant le verbe impersonnel qui convient, puis conjuguez-le au présent de l'indicatif.**

    1   Il *geler / faire chaud / se passer* .... souvent au mois de janvier.

    2   S'il *suffire / neiger / tonner* ...., j'irai faire du ski ce week-end.

    3   Pour s'inscrire, il *arriver / faire beau / suffire* .... de remplir ce formulaire.

    4   Il *y avoir / arriver / valoir mieux* .... beaucoup de chambres dans cet hôtel.

    5   Il *faire nuit / faire jour / faire chaud* .... : je vais mettre une robe plus légère.

    6   Il *valoir mieux / arriver / suffire* .... rester à la maison par ce mauvais temps.   ..... / 6

TOTAL .... / 30

NOM ....   PRÉNOM ....   DATE ....

1 Mettez les phrases à la forme négative.

   1 J'achète beaucoup de fruits.   ....

   2 Vous allez au stade.   ....

   3 Nous jouons au foot.   ....

   4 Elle a une belle voix.   ....

   5 Je prends le train de 17 h 40.   ....

   6 Ils font ce voyage.   .... / 6

2 Cochez la bonne réponse.

   1 ☐a Elle n'aime pas le jazz.   ☐b Elle n'aime le jazz.

   2 ☐a Ils ne vont pas jamais au stade.   ☐b Ils ne vont pas au stade.

   3 ☐a Ils ne pas sortent.   ☐b Ils ne sortent pas.

   4 ☐a Elle ne lit que ce quotidien.   ☐b Elle ne lit aucun que ce quotidien.

   5 ☐a Elles n'ont participé pas à la discussion.   ☐b Elles n'ont pas participé à la discussion.

   6 ☐a Elle lui a dit de ne rentrer pas trop tard.   ☐b Elle lui a dit de ne pas rentrer trop tard.   ..... / 6

3 Mettez les phrases à la forme négative. Attention aux articles partitifs !

   1 Le soir, je mange des pâtes.   ....

   2 Nous achetons des CD pour nos amis.   ....

   3 Elle écrit des lettres.   ....

   4 Ils proposent des modifications.   ....

   5 J'ai des dépliants sur la Sicile.   ....

   6 Tu fais ces traductions.   .... / 6

4 Récrivez les phrases en utilisant les mots entre parenthèses.

   1 Je ne mange pas. (*rien*)   ....

   2 Je n'ai pas l'intention de partir. (*aucune*)   ....

   3 Il ne pratique pas la natation. (*plus*)   ....

   4 Elle invite tout le monde. (*personne*)   ....

   5 Je ne vais pas au stade. (*jamais*)   ....

   6 Nous n'achetons pas. (*rien*)   .... / 6

5 Mettez les phrases à la forme négative apparente.

   1 Il mange uniquement des légumes.   ....

   2 Elle prend seulement un thé.   ....

   3 Je commande seulement un dessert.   ....

   4 J'accepte uniquement les espèces.   ....

   5 Vous devez utiliser uniquement cette sortie.   ....

   6 Il joue seulement au volley.   .... / 6

TOTAL .... / 30

NOM ....   PRÉNOM ....   DATE ....

1 **Récrivez les phrases à la forme interrogative en utilisant les trois constructions possibles.**

  1 Vous allez au cinéma.

  ....

  ....

  ....

  2 Ils parlent chinois.

  ....

  ....

  .... / 6

2 **Insérez un *t* euphonique si nécessaire.**

  1 Va-...............- il souvent en Bretagne ?   **4** Vont-...............-elles à la patinoire ?

  2 Déteste-...............-elle le foot ?   **5** Va-...............-elle au cours de tennis ?

  3 Sont-...............-ils satisfaits du contrat ?   **6** Ont-...............-ils soif ?   ..... / 6

3 **Mettez à la forme interro-négative en utilisant *est-ce que*.**

  1 Ils vont à Lille ?   ....

  2 Tu veux du thé ?   ....

  3 Elle est au courant ?   ....

  4 Nous devons demander une autorisation ?   ....

  5 Elles sortent ce soir ?   ....

  6 Vous partez dimanche ?   .... / 6

4 **Répondez affirmativement aux questions en utilisant *oui* ou *si* selon les cas.**

  1 A-t-elle des frères ou des sœurs ?   ....

  2 Tu n'aimes pas le rap ?   ....

  3 Sont-ils en vacances ?   ....

  4 Il n'est pas américain ?   ....

  5 Elle va en boîte ?   ....

  6 Ils n'ont pas faim ?   .... / 6

5 **Soulignez la bonne réponse.**

  1 | a | Est-ce que as-tu soif ? | b | Quelle soif as-tu ? | c | Est-ce que tu as soif ?

  2 | a | A-t-elle sommeil ? | b | A elle sommeil ? | c | A sommeil elle ?

  3 | a | Vient-t-il avec nous ? | b | Vient-il avec nous ? | c | Est-ce que vient-il avec nous ?

  4 | a | Aime-il le jazz ? | b | Aime-t-il le jazz ? | c | Aime le jazz il ?

  5 | a | Est-ce que vous êtes d'ici ? | b | Est-ce que êtes-vous d'ici ? | c | D'ici êtes-vous ?

  6 | a | Parle-elle russe ? | b | Parle-t-elle russe ? | c | Parle russe elle ?   ..... / 6

TOTAL ..../ 30

NOM ....   PRÉNOM ....   DATE ....

1   Mettez les groupes de mots au singulier.

   1 mes lettres   ....
   2 nos amis   ....
   3 vos livres   ....
   4 ses enfants   ....
   5 tes tee-shirts ....
   6 mes mains   .... / 6

2   Soulignez la bonne réponse.

   1 *Mon / Mes / Ma* enfants sont à la mer.
   2 *Mon / Ma / Mes* amie Chantal est au travail.
   3 *Nos / Notre / Votre* collègues sont sympas.
   4 Quelle est *votre / ta / leur* profession ? Ils sont professeurs.
   5 Quelle est *ta / ma / sa* nationalité ? Elle est danoise.
   6 *Ma / Mon / Mes* voiture est en panne.   ..... / 6

3   Soulignez la bonne réponse.

   1 Quelle est *votre / sa* nationalité, madame ?
   2 Quel est le numéro de Kevin ? Je n'ai pas *ses / son* numéro, malheureusement.
   3 Quel est *ton / son* prénom ? Il s'appelle Mathis.
   4 Quelle est *ton / son* adresse, Sophie ? J'habite 15, rue Voltaire.
   5 Tu me passes *ton / mon* agenda, s'il te plaît ?
   6 Lucie, mais où est *ton / leur* cartable ?   ..... / 6

4   Complétez les phrases avec un adjectif possessif.

   1 Il est difficile de deviner .... goûts : elle est très originale.
   2 Il est toujours de mauvaise humeur, et .... sœur au contraire, est toujours joyeuse.
   3 Ils ont une grande maison, mais .... jardin est assez petit.
   4 Ce livre n'est pas à moi. .... livre est dans le tiroir.
   5 Je ne trouve plus .... lunettes !
   6 Elle fait des documents pour .... passeport.   ..... / 6

5   Complétez les phrases avec un adjectif possessif.

   1 Il oublie toujours .... parapluie chez moi.
   2 Est-ce que c'est .... valise ? Non, elle n'est pas à moi.
   3 Comment tu as passé .... vacances ?
   4 Je suis seul à la maison, ... parents sont à la mer.
   5 Elle doit accompagner .... petit frère à la piscine.
   6 Cette voiture est à ta voisine ? Non, ... voiture est noire.   ..... / 6

TOTAL ..../ 30

NOM .... PRÉNOM .... DATE ....

1 **Soulignez la bonne réponse.**

1 *Quelle / Quel* est ta couleur préférée ?
2 *Quel / Quels* voyages vous préférez ?
3 Dans *quel / quels* hôtel tu veux séjourner ?
4 *Quel / Quelle* est ton parapluie ?
5 *Quelles / Quels* timbres tu veux échanger ?
6 *Quel / Quelle* est ton sac ?

.... / 6

2 **Soulignez la bonne réponse.**

1 Combien coûtent *ces / cette / cet* chaussures ?
2 *Cet / Ce / Cette* hôtel est bien équipé.
3 J'adore *cette / ce / ces* spécialités.
4 Elle est belle, *ce / ces / cette* robe !
5 Qui habite dans *ces / ce / cette* maison ?
6 *Ces / ce / cette* magasin va fermer.

..... / 6

3 **Complétez les phrases avec un adjectif démonstratif.**

1 .... exercices sont trop difficiles.
2 .... enfant est vraiment insupportable.
3 À qui sont .... chaussures ?
4 Il est à toi .... sac ?
5 .... école est bien organisée.
6 Comme il est beau .... tableau !

..... / 6

4 **Complétez les phrases avec un adjectif démonstratif.**

1 .... traductions sont très longues.
2 .... appareil photo ne marche pas.
3 À qui sont .... clés USB ?
4 .... livre est très bien écrit.
5 .... supermarché est près de chez nous.
6 Comme il est beau, ... tableau !

..... / 6

5 **Complétez les phrases avec un adjectif interrogatif.**

1 .... est ton adresse ?
2 .... est votre nationalité ?
3 .... sont tes sports préférés ?
4 À .... étage tu habites ?
5 .... sont tes chansons préférées ?
6 À .... employé je dois m'adresser ?

..... / 6

TOTAL ..../ 30

NOM ....   PRÉNOM ....   DATE ....

1 **Écrivez en chiffres les nombres suivants.**

1 soixante-quinze   ....
2 quatre-vingt-dix   ....
3 trente-deux   ....
4 quatre-vingt-six   ....
5 quarante-sept   ....
6 soixante-dix   .... / 6

2 **Écrivez les nombres suivants en toutes lettres.**

1 21   ....
2 78   ....
3 44   ....
4 80   ....
5 56   ....
6 92   .... / 6

3 **Quelle heure est-il ? Il est....**

1 20 : 45   ....
2 14 : 30   ....
3 12 : 00   ....
4 17 : 10   ....
5 21 : 20   ....
6 18 : 15   .... / 6

4 **Écrivez les dates suivantes en toutes lettres.**

1 22/04/1989   ....
2 2/02/1998   ....
3 18/12/2002   ....
4 29/03/1978   ....
5 15/10/1967   ....
6 14/07/1789   .... / 6

5 **Soulignez la bonne réponse.**

1 Il est né dans *le / au / en* 2002.
2 Nous avons vécu à Londres *de / du / en* 2001 *à / aux / au* 2004.
3 Nous nous levons toujours *aux / au / à* six heures pile.
4 Il y a *quatre-vingt / quatre-vingts / quatre-vingt et dix* élèves qui participent au voyage.
5 Combien de CD avez-vous ? *Vingt-un / Vingt et un / Vingt et unième*.   ..... / 6

TOTAL ..../ 30

NOM .... PRÉNOM .... DATE ....

1 Complétez les réponses en remplaçant les mots soulignés par un pronom personnel complément d'objet direct.

1 Tu connais Philippe ? Oui, ...

2 Elle aime Alexis ? Oui, ...

3 Vous louez cet appartement ? Oui, ...

4 Tu écoutes ces CD ? Oui, ...

5 Vous achetez ces cerises ? Oui, ...

6 Tu prends cette chemise ? Oui, ... / 6

2 Soulignez la bonne réponse.

1 Marie ? Oui, je *le / la / les* connais.

2 Nous *les / la / leur* détestons, ils sont méchants.

3 Pierre ? Je *lui / le / les* rencontre souvent.

4 Jacques ? Oui, nous *leur / lui / l'* avons appelé.

5 Mes cousines ? Oui, je *leur / les / la* invite.

6 Ce pantalon ? Oui, je *l' / les / la* essaie. ..... / 6

3 Complétez les phrases avec un pronom complément d'objet direct.

1 Tu connais le directeur ? Oui, je .... connais.

2 Tu rencontres souvent Sophie ? Oui, je .... rencontre souvent.

3 Je .... aime depuis que j'ai dix ans.

4 Mathis ? Je .... invite toujours car il est très sympa.

5 Tu es super gentille ! Je .... adore !

6 Ces serviettes sont déchirées, je .... jette à la poubelle. ..... / 6

4 Complétez les phrases avec un pronom complément d'objet direct.

1 Tu invites les Morin ? Oui, je .... invite.

2 Tu aimes ce comédien ? Oui, je .... adore.

3 Où tu achètes tes vêtements ? Je .... achète sur Internet.

4 Est-ce qu'il connaît Julie ? Oui, il .... connaît très bien.

5 Il est si antipathique que tout le monde .... déteste.

6 On se voit où ? Écoute, Je .... attends devant la piscine. ..... / 6

5 Récrivez les phrases en utilisant les verbes entre parenthèses.

1 Nous les invitons. (*vouloir*) ....

2 Je le refais. (*vouloir*) ....

3 Ils nous appellent. (*pouvoir*) ....

4 Elle les attend. (*devoir*) ....

5 Je l'écoute. (*devoir*) ....

6 Ils l'accueillent. (*pouvoir*) .... / 6

TOTAL ..../ 30

NOM ....   PRÉNOM ....   DATE ....

1 **Répondez aux questions en utilisant un pronom personnel complément indirect.**

1 Vous téléphonez à Manon ? Oui, ...

2 Tu envoies un mail à tes cousins ? Oui, ...

3 Ils offrent un cadeau à leur tante ? Non, ...

4 Tu dis bonjour à la dame ? Oui, ...

5 Vous demandez des précisions au responsable ? Oui, ...

6 Elle raconte son aventure à sa mère ? Non, .../ 6

2 **Soulignez la bonne réponse.**

1 Quand je vois Kevin, je *le / lui* rends ses livres.   ....

2 Je vais téléphoner à Nicolas pour *le / lui* dire de passer chez moi.   ....

3 Si tu vois tes grands-parents, passe-*lui / leur* le bonjour de ma part.   ....

4 Pourquoi tu ne *te / me* prêtes pas ton vélo ? J'en ai besoin.   ....

5 Un cadeau pour ma sœur ? Je vais *lui / leur* offrir un appareil photo.   ....

6 Tu *te / me* prêtes ton parapluie ? J'ai laissé le mien à la maison.   ..../ 6

3 **Récrivez les phrases en remplaçant les mots soulignés par un pronom personnel d'objet indirect.**

1 Elle prépare une quiche <u>pour ses invités</u>.   ....

2 Tu offres une plante <u>à ton amie</u>.   ....

3 Je fais une surprise <u>à mes parents</u>.   ....

4 Je prête un tee-shirt <u>à ma sœur</u>.   ....

5 Vous posez des questions <u>à vos professeurs</u>.   ....

6 Tu conseilles un film <u>à un copain</u>.   ..../ 6

4 **Soulignez la bonne réponse.**

1 Je *me / te / se* souviens de mon séjour au Maroc.   ....

2 Nous *s' / vous / nous* excusons de ce retard.   ....

3 Dépêche- *vous / nous / toi*, il est tard !   ....

4 Tais-*vous / nous / toi*, ton père dort !   ....

5 Ils *vous / nous / se* moquent de nous.   ....

6 Il *se / me / moi* débrouille pas mal en allemand.   ..../ 6

5 **Complétez les phrases avec un pronom personnel réfléchi.**

1 Il .... promène dans la rue.

2 Tu .... habilles élégamment.

3 Nous .... couchons tôt le soir.

4 À quelle heure est-ce que tu .... lèves ?

5 Je .... brosse toujours les dents après chaque repas.

6 Vous .... peignez ou pas ?   ...../ 6

TOTAL ..../ 30

NOM .... PRÉNOM .... DATE ....

1 **Complétez les phrases avec *en* ou *y*.**

1 Quel beau voyage ! J'.............. pense tout le temps !

2 Ils .... tiennent ?

3 Du yaourt ? Oui, j'.............. mange beaucoup.

4 Nous .... allons souvent.

5 Vous .... avez parlé ?

6 Vous .... voulez. ...../ 6

2 **Soulignez la bonne réponse.**

1 Au théâtre ? Oui, ils *en / y / leur* vont souvent.

2 Du rôti ? Oui, merci, j' *y / le / en* prends un peu.

3 Tu *en / y / le* vas seul ?

4 Il *en / y / les* prend une dizaine.

5 Notre projet ? Nous *en / y / lui* pensons toujours.

6 Ses vacances ? Elle *y / en / les* parle tout le temps. ...../ 6

3 **Récrivez les phrases en utilisant *en* ou *y* à la place des mots soulignés.**

1 Il mange des bonbons. ....

2 Ils vont à la poste. ....

3 Elle pense à ses examens. ....

4 Tu achètes des bananes. ....

5 Nous pensons à notre voyage. ....

6 Je veux des bonbons. ..../ 6

4 **Complétez les phrases avec *en* ou *y*.**

1 J'.............. discute souvent avec mes collègues.

2 Vous .... voulez encore un peu ?

3 Vous .... allez tous les ans ?

4 Son prochain examen ? Elle .... pense toujours.

5 Ce projet ? J'.............. tiens particulièrement.

6 Leurs problèmes ? Ils .... parlent souvent avec nous. ...../ 6

5 **Récrivez les phrases en utilisant les verbes entre parenthèses.**

1 Nous en buvons. (*vouloir*) ....

2 Elle y réfléchit. (*devoir*) ....

3 Ils en achètent encore. (*pouvoir*) ....

4 Tu m'y accompagnes ? (*pouvoir*) ....

5 Il y croit. (*devoir*) ....

6 Vous en rajoutez ? (*vouloir*) ..../ 6

TOTAL ..../ 30

Unité 36   Les adjectifs numéraux : les numéraux cardinaux (2)
Unité 37   Les adjectifs numéraux : les numéraux ordinaux

NOM ....   PRÉNOM ....   DATE ....

1 Indiquez si *oui* (OUI) ou *non* (NON) la consonne finale du nombre est prononcée.

		OUI	NON				OUI	NON
1 huit ans		☐	☐		**4** dix étages		☐	☐
2 six tonnes		☐	☐		**5** cinq centimes		☐	☐
3 dix jours		☐	☐		**6** huit livres		☐	☐

...../ 6

2 Écrivez en toutes lettres les ordinaux correspondant aux nombres suivants.

1 2e   ....

2 16e   ....

3 18e   ....

4 29e   ....

5 40e   ....

6 62e   ..../ 6

3 Complétez les phrases en écrivant en toutes lettres le numéral ordinal indiqué entre parenthèses.

1 C'est la (*1*) .... fois que je vais en Afrique.

2 J'habite au (*3*) .... étage.

3 Il faut prendre l'ascenseur pour monter au (*25*) .... étage.

4 Il passe son bac pour la (*2*) .... fois.

5 Mes grands-parents fêtent leur (*50*) .... anniversaire de mariage.

6 J'achète le (*6*) .... volume de cette série, j'adore cet auteur !   ...../ 6

4 Soulignez la bonne réponse.

1 Prenez la *premier / premières / première* rue à droite.

2 Ils se sont mariés l'année dernière : c'est donc leur *troisième / premier / première* anniversaire de mariage.

3 Cette cathédrale a été édifiée dans *le / aux / au* XVe siècle.

4 Je vous répète pour la *éniemes / énième / énièmes* fois de faire attention !

5 Le cinéma est considéré le *septième / sept / septièmes* art.

6 Selon les *dernier / dernière / dernières* informations, le coupable serait un homme.   ...../ 6

5 Écrivez en toutes lettres les adjectifs numéraux entre parenthèses.

1 C'est la (*1re*) .... fois qu'il voyage sans ses parents.

2 Le bureau d'inscription est au (*3e*) .... étage.

3 Ce sculpteur a vécu au (*XVIIe*) .... siècle.

4 Le roi Henri (*IV*) .... a été assassiné en 1610.

5 Sur cette photo de groupe, je suis le (*4e*) .... en partant de la droite.

6 Le roi Louis (*IX*) .... est devenu saint sous le nom de Saint Louis.   ...../ 6

TOTAL ..../ 30

NOM .... PRÉNOM .... DATE ....

1 **Écrivez les mesures suivantes en utilisant le verbe *mesurer*.**

1 **Porte :** 2 m 20 (*hauteur*) ....

2 **Tapis :** 1m 20 sur 1 m 80 ....

3 **Loire :** 1012 km (*longueur*) ....

4 **Chambre :** 4 m 50 (*largeur*) ....

5 **Tour de Pise :** 56 m (*hauteur*) ....

6 **Tour Eiffel :** 320 m (*hauteur*) .... / 6

2 **Combien ça fait ? Écrivez les prix en toutes lettres.**

1 une baguette 1.80 € ....

2 une jupe 21.50 € ....

3 une revue 3.50 € ....

4 des chaussures 89 € ....

5 le plat du jour 16 € ....

6 un sac en cuir 140 € .... / 6

3 **Écrivez les nombres collectifs en toutes lettres.**

1 12 ....

2 10 ....

3 20 ....

4 30 ....

5 50 ....

6 80 .... / 6

4 **Écrivez les fractions en toutes lettres.**

1 ¾ ....

2 ½ ....

3 ⁴⁄₄ ....

4 ⅔ ....

5 ¹⁄₁₀ ....

6 ¹⁄₁₀₀ .... / 6

5 **Écrivez les opérations en toutes lettres.**

1 $2 + 2 = 4$ ....

2 $6 - 1 = 5$ ....

3 $5 \times 2 = 10$ ....

4 $100 : 10 = 10$ ....

5 $23 + 32 = 55$ ....

6 $81 : 9 = 9$ .... / 6

TOTAL .... / 30

NOM ....   PRÉNOM ....   DATE ....

1 *Très*, *beaucoup* ou *beaucoup de* ? Complétez les phrases avec l'adverbe de quantité qui convient.

1 Il est .... occupé en ce moment.

2 Ce tableau ne me plaît pas ....

3 Nous avons .... offres spéciales.

4 Tout ça est .... inquiétant.

5 J'aime .... cet écrivain.

6 J'achète .... fruits en été.   ..... / 6

2 Complétez les phrases avec l'adverbe de quantité qui convient.

assez de	beaucoup de (x2)	environ	peu	très

1 Ils parlent .... Ils sont .... bavards.

2 Ils travaillent .... à l'école. Ils ont de mauvaises notes.

3 Ils sont intelligents. Ils ont .... bonnes notes.

4 Ils ne mangent pas .... fruits. Ils n'aiment pas les fruits.

5 Il gagne .... 2000 euros par mois.   ..... / 6

3 Complétez les phrases avec l'adverbe de quantité qui convient.

assez de	beaucoup de	environ	peu de	très	trop de

1 Il adore les fraises. Il mange .... fraises.

2 Il a mal au ventre. Il a mangé .... chips.

3 Il ne peut pas faire d'achats. Il n'a pas .... argent.

4 Nous allumons la clim', car il fait .... chaud

5 Ce gratte-ciel a une hauteur d'........................ 300 mètres.

6 Je ne peux pas faire les crêpes. J'ai .... lait.   ..... / 6

4 Récrivez les phrases en mettant l'adverbe au bon endroit.

1 Il a mangé. (*beaucoup*)   ....

2 Vous avez dormi. (*trop*)   ....

3 Elle a travaillé. (*assez*)   ....

4 Tu as étudié. (*peu*)   ....

5 J'ai voyagé. (*beaucoup*)   ....

6 Nous avons discuté. (*trop*)   .... / 6

5 Soulignez la bonne réponse.

1 Regarde la place : *ici / là-bas / au milieu / nulle part,* il y a une belle fontaine.

2 Pardon madame, vous savez s'il y a un bureau de tabac près *d'ici / ci-inclus* ?

3 J'ai mis mes lunettes *nulle part / quelque part*, mais je ne les trouve pas.

4 Sur la photo *ci-inclus / ci-contre*, vous voyez l'extérieur de l'hôtel.

5 Il fait chaud, je vais mettre la table *dedans / dehors*.   ..... / 6

TOTAL .... / 30

NOM .... PRÉNOM .... DATE ....

1 **Soulignez la bonne réponse.**

1 Il a fait un voyage *à / au / aux* États-Unis.

2 Elle passe quelques jours *chez / dans / à* sa tante.

3 *Parmi / Entre / Dans* ces deux voyages, je préfère celui au Portugal.

4 *Parmi / Chez / Entre* mes amis, il y en a qui sont étrangers.

5 Les Pyrénées se trouvent *entre / parmi / sur* la France et l'Italie.

6 Cette station de ski est fréquentée *pour / par / chez* beaucoup de touristes allemands. ..... / 6

2 **Soulignez la bonne réponse.**

1 Il va souvent *à / en / dans* l' Espagne.

2 Elle va passer ses vacances *au / en / dans* le Maroc.

3 Elle voudrait aller *en / aux / dans* les Maldives.

4 Il fait du volley *dès / depuis / de* deux ans.

5 Nous avons séjourné aux États-Unis *pour / pendant / depuis* deux semaines.

6 Il est assis *à / entre / depuis* Julie et Lélie. ..... / 6

3 **Soulignez la bonne réponse.**

1 Nous habitons ici *de / depuis* six mois.

2 *Au / En* printemps, ils font souvent une croisière.

3 Elles viennent *depuis / de* Londres.

4 Comment vas-tu à l'école ? *En / Avec* voiture, avec ma mère.

5 J'adore les écharpes *en / avec* soie.

6 Le chat se cache *sur / sous* le lit. ..... / 6

4 **Soulignez la bonne réponse.**

1 Je vais souvent *de / chez / en* mes cousins.

2 Il est né *en / au / à* Turquie.

3 La gare routière se trouve *après / entre / sous* la gare ferroviaire.

4 Nous t'avons attendu *derrière / dans / pendant* une heure.

5 Mes cours commencent *à / au / de* huit heures.

6 Le supermarché ferme *de / à / au* neuf heures. ..... / 6

5 **Soulignez la bonne réponse.**

1 Ils vont toujours au travail *avec / en* bus.

2 Ils se lèvent *à / aux* huit heures.

3 La séance a duré *du / de* huit heures *au / à* dix heures.

4 Tu dois passer *dans / chez* le boulanger.

5 Vous voulez venir *en / à* Rome avec nous ? ..... / 6

TOTAL .... / 30

Unité 44   Le participe passé
Unité 45   L'accord du participe passé (1)
Unité 46   Le passé composé

NOM .... PRÉNOM .... DATE ....

1 Écrivez le participe passé des verbes.

  1 choisir   ....

  2 connaître ....

  3 recevoir   ....

  4 vouloir   ....

  5 voir   ....

  6 surprendre .... / 6

2 Cochez le bon participe passé.

  1 vivre   a vu   b vécu   c veçu

  2 comprendre a comprendu   b comprit   c compris

  3 offrir   a offri   b offru   c offert

  4 savoir   a su   b savu   c sauvu

  5 remettre   a remettit   b remettu   c remis

  6 vendre   a venu   b vendu   c vendi   ..... / 6

3 Complétez les participes passés avec *-é* ou *-i*.

  1 fleur.................

  2 arriv.................

  3 disput..............

  4 maigr..............

  5 réuss..............

  6 concern .... / 6

4 Complétez les participes passés avec *-é*, *-i* ou *-u*.

  1 Tu as v.............. les feux d'artifice hier soir ?

  2 J'ai juste b.............. un café.

  3 Ils ont fin.............. leur dessin ?

  4 Vous avez chant.............. une belle chanson.

  5 Il est pass.............. par Dijon.

  6 Nous avons beaucoup travaill.............. .   ..... / 6

5 Accordez le participe passé si nécessaire.

  1 Elle est sorti .... avec Pierre.

  2 J'ai acheté .... beaucoup de revues.

  3 Nous sommes allé .... au théâtre.

  4 J'ai lu .... des livres intéressants.

  5 Nous sommes parti .... hier.

  6 Les enfants ont mangé .... tout le chocolat.   ..... / 6

TOTAL .... / 30

73

| NOM .... PRÉNOM .... DATE .... |

1 **Soulignez la bonne réponse.**

1 Il y *a / est / es* eu beaucoup de manifestations.

2 Il *est / a / es* neigé toute la journée.

3 Il *a / est / es* fait des économies.

4 Vous *êtes / avez / est* été invités ?

5 Je n' *es / suis / ai* pas encore pris une décision.

6 Il *es / as / a* fallu annuler le voyage.

..... / 6

2 **Soulignez la bonne réponse.**

1 Elles se *sommes / sont / ont* promenées.

2 Son enfant *a / es / est* né la semaine dernière.

3 Julie *est / es / a* tombée amoureuse.

4 Beaucoup de soldats *ont / sont / avez* morts en Irak.

5 Ils *ont / sont / sommes* arrivés tard.

6 Il *a / ai / est* parti en train.

..... / 6

3 **Complétez les phrases avec l'auxiliaire qui convient.**

1 Il .... parti hier.

2 Elle .... parlé de vous.

3 Il .... rentré tard.

4 Je .... parti en train.

5 Elle .... envoyé un mail.

6 Ils .... joué au foot.

..... / 6

4 **Complétez les phrases avec l'auxiliaire qui convient.**

1 Tu n' .... pas lu ce livre.

2 Ils n' .... pas eu envie d'y aller.

3 Tu .... regardé un film.

4 Nous nous .... levés tôt.

5 Vous .... eu de ses nouvelles ?

6 Tu .... ouvert la fenêtre.

..... / 6

5 **Soulignez la bonne réponse.**

1 Elle *a / est* sorti son porte-monnaie.

2 Ils *sont / ont* descendus par l'ascenseur.

3 Vous *êtes / avez* montés au premier étage ?

4 Tout le monde *a / est* descendu ses valises ?

5 Cet enfant *a / est* beaucoup grandi.

6 Il *est / a* changé d'avis.

..... / 6

TOTAL .... / 30

Unité 48   Les verbes pronominaux
Unité 49   L'interrogation partielle

| NOM ....   PRÉNOM ....   DATE .... |

1 Conjuguez les verbes entre parenthèses au présent de l'indicatif.

1 Ils (*se promener*) .... au bord du lac.

2 Elle (*s'habiller*) .... élégamment.

3 Nous (*se coucher*) .... vers dix heures.

4 À quelle heure est-ce que vous (*se lever*) .... ?

5 Je (*se brosser*) .... toujours les dents le soir.

6 Tu (*se dépêcher*) .... ou pas ?   ..... / 6

2 Conjuguez les verbes entre parenthèses au présent de l'indicatif.

1 Ils (*se taire*) .... toujours quand le professeur arrive.

2 Elle (*s'absenter*) .... pendant une dizaine de jours.

3 Je (*s'ennuyer*) .... un peu quand je suis avec eux.

4 Il (*se méfier*) .... des inconnus.

5 Elle (*s'attendre*) .... à être interrogée.

6 Ils (*s'aider*) .... souvent.   ..... / 6

3 Conjuguez les verbes de l'exercice précédent au passé composé.

1 ....

2 ....

3 ....

4 ....

5 ....

6 .... / 6

4 Soulignez la bonne réponse.

1 *Quel / Quelle / Quels* est son adresse ?

2 *Quels / Quelles / Quelle* plats vous préférez ?

3 *Qu'est-ce que / Qu'est-ce qui* tu veux faire ?

4 *Qu'est-ce qui / Qu'est-ce* que vous préoccupe ?

5 *Où / Comment / Quand* elle est venue ? En train.

6 *Pourquoi / Comment / Combien* elle est si contente ? Parce qu'elle a eu une bonne note.   ..... / 6

5 Complétez les questions avec un adverbe interrogatif.

1 .... as-tu acheté ce gâteau ? Chez le pâtissier.

2 .... est-elle rentrée ? Hier soir.

3 .... l'avez-vous payé ? Quinze euros.

4 .... elle a réagi ? Très bien.

5 .... tu ne viens pas avec nous ? Parce que je dois finir mes devoirs.

6 .... l'as-tu connu ? À la mer.   ..... / 6

TOTAL .... / 30

NOM .... PRÉNOM .... DATE ....

1 **Soulignez la bonne réponse.**

1 *C'est / Ce sont* un article intéressant.

2 *C'est / Ce sont* des exercices difficiles.

3 *C' / Il* est dimanche.

4 *C' / Il* est tôt, on a le temps.

5 *C' / Il* est quatre heures et demie.

6 *C' / Il* est intéressant ! ..... / 6

2 **Soulignez la bonne réponse.**

1 *C' / Il* est difficile de trouver une chambre libre.

2 *C' / Il* est Philippe.

3 *C' / Il* est lui.

4 *C' / Il* est marié.

5 *C' / Il* est avocat.

6 *C' / Il* est un bon avocat. ..... / 6

3 **Complétez les phrases avec *ce* ou *il*.**

1 .... est mécanicien.

2 .... est catholique ou protestant ?

3 .... est six heures et quart.

4 .... est lui qui a laissé ce message.

5 À qui est ce dictionnaire ? .... est le mien.

6 On est quel jour aujourd'hui ? .... est mardi. ..... / 6

4 **Récrivez les phrases en utilisant le pronom personnel tonique (*lui / elle*) + pronom relatif.**

1 Elle a obtenu ces résultats. ....

2 Il a convaincu Philippe. ....

3 Il a organisé cette fête. ....

4 Elle a rempli ce formulaire. ....

5 Il a réservé cette chambre. ....

6 Il est canadien. .... / 6

5 **Répondez aux questions en utilisant *c'est* ou *il est* selon les cas.**

1 Quelle est sa nationalité ? (*australien*) ....

2 Que fait-il ? (*architecte*) ....

3 Qu'est-ce que c'est ? (*roman policier*) ....

4 Quelle heure est-il ? (*cinq heures*) ....

5 Qui a fait ça ? (*lui*) ....

6 Qui est-ce ? (*joueur de foot*) .... / 6

TOTAL .... / 30

NOM ....   PRÉNOM ....   DATE ....

1 Conjuguez les verbes au futur aux personnes indiquées.

1 Être : Tu ....
2 Comprendre : Ils ....
3 Aller : Vous ....
4 Venir : Je ....
5 sortir : Nous ....
6 Faire : Il .... / 6

2 Complétez les verbes avec les terminaisons du futur qui conviennent.

1 Nous viendr............... vous voir dimanche prochain.
2 Je lui donner............... quelques conseils.
3 Ils ne boir............... que du jus de fruits.
4 Tu rentrer............... tard ?
5 Vous terminer............... votre travail rapidement ?
6 Il ne perdr............... pas son temps.   ..... / 6

3 Récrivez les phrases au futur.

1 Elle déménage.   ....
2 Ils sortent avec leurs amis.   ....
3 Ils se marient.   ....
4 Elle change de coiffure.   ....
5 Nous prenons une décision.   ....
6 Je pars pour Paris.   .... / 6

4 Conjuguez les verbes entre parenthèses au futur.

1 Nous (*sortir*) .... vers dix heures.
2 Elle (*prendre*) .... le métro pour venir chez nous.
3 Il (*être*) .... à Londres la semaine prochaine.
4 Nous (*avoir*) .... de bons résultats.
5 Vous (*finir*) .... ce travail avant la fin de la semaine ?
6 Je (*partir*) .... de bonne heure.   ..... / 6

5 Soulignez la bonne réponse.

1 Son père l'a puni, il ne *pourra / voudra* pas sortir.
2 Ils *iront / feront* beaucoup de voyages à l'étranger.
3 Ils *prendront / feront* leur petit déjeuner à huit heures.
4 Elle *préparera / mangera* un gâteau pour ses enfants.
5 Il *ira / passera* son bac dans quelques mois.
6 Ils *feront / participeront* à cette excursion.   ..... / 6

TOTAL .... / 30

NOM .... PRÉNOM .... DATE ....

1 Écrivez la première personne du singulier de l'imparfait.

1 Nous devons   je ....
2 Nous allons   j' ....
3 Nous partons   je ....
4 Nous achetons   j' ....
5 Nous arrivons   j' ....
6 Nous pouvons   je .... / 6

2 Mettez les verbes conjugués au pluriel.

1 Je commençais   nous ....
2 Tu mangeais   vous...
3 J'étudiais   nous ....
4 Il prenait   ils ....
5 Tu envoyais   vous...
6 Je traçais   nous .... / 6

3 Complétez les verbes avec les terminaisons de l'imparfait.

1 Quand elle ét.............. au lycée, elle suiv.............. un cours de danse.
2 Nous habit.............. à Lyon quand nous ét.............. jeunes.
3 Ils arriv.............. toujours en retard.
4 Tu fais.............. beaucoup de sport. ..... / 6

4 Complétez les verbes avec les terminaisons de l'imparfait.

1 Il dev.............. prendre des décisions très importantes.
2 Vous recev.............. beaucoup de mails.
3 J'av.............. beaucoup de choses à faire.
4 Elle descend.............. toujours à cet arrêt.
5 Son comportement me préoccup.............. .
6 Pourquoi vous ne voul.............. jamais aller chez eux ? ..... / 6

5 Conjuguez les verbes entre parenthèses à l'imparfait.

1 Quand il (*être*) .... au régime, il (*manger*) .... beaucoup de légumes et peu de pâtes.
2 Qu'est-ce qu'ils (*faire*) .... quand ils (*habiter*) .... à Londres ?
3 Nous (*avoir*) .... beaucoup de choses à faire.
4 Pourquoi tu (*ne pas pouvoir*) .... sortir le soir ? ..... / 6

TOTAL .... / 30

NOM ....   PRÉNOM ....   DATE ....

1 **Récrivez les phrases au passé récent.**

   1 J'ai trouvé un nouvel appartement.   ....

   2 Ils sont partis pour Rome.   ....

   3 Elle a eu un enfant.   ....

   4 Tu es rentré de Mexico hier ?   ....

   5 Il a déménagé.   ....

   6 Nous avons pris le T.G.V.   .... / 6

2 **Récrivez les phrases au présent continu.**

   1 Elle prépare une quiche.   ....

   2 Ils écoutent la radio.   ....

   3 Je range ma chambre.   ....

   4 Nous déjeunons.   ....

   5 Vous naviguez sur Internet.   ....

   6 Tu traduis des lettres en anglais.   .... / 6

3 **Récrivez les phrases au futur proche.**

   1 Elle contactera le responsable.   ....

   2 Ils s'inscriront à ce stage.   ....

   3 Je partirai à la mer.   ....

   4 Nous inviterons tous nos amis.   ....

   5 Elle passera ses vacances en Corse.   ....

   6 Ils se marieront.   .... / 6

4 **Soulignez la bonne réponse**

   1 Je suis *en train de / vais* partir demain.

   2 Nous *venons de / sommes en train* le rencontrer il y a cinq minutes.

   3 En ce moment, je *suis en train de / vais* manger une glace.

   4 Je *vais / viens de* ranger mes affaires dans dix minutes.

   5 Je *viens d' / vais* ouvrir la porte dans une seconde.

   6 Il est 10 h 10. Je suis arrivée à 10 h 05. Je *viens de / vais* arriver.   ..... / 6

5 **Récrivez les phrases en utilisant le temps progressif qui convient.**

   1 Il est rentré il y a deux ou trois minutes.   ....

   2 Je sortirai dans quelques instants.   ....

   3 En ce moment, elle dort.   ....

   4 En ce moment, ma mère repasse.   ....

   5 Elle a rencontré son cousin il y a quelques instants.   ....

   6 Nous finirons dans cinq minutes.   .... / 6

TOTAL .... / 30

NOM .... PRÉNOM .... DATE ....

1 **Complétez les verbes avec la terminaison du conditionnel qui convient.**

1 je pourr...............

2 tu aur...............

3 il finir...............

4 nous parler...............

5 vous ser...............

6 il voudr............... ..... /6

2 **Conjuguez les verbes selon les indications données au conditionnel.**

1 **Espérer :** il ....

2 **Nettoyer :** tu ....

3 **Se lever :** je ....

4 **Annoncer :** elles ....

5 **Manger :** vous ....

6 **Acheter :** nous .... /6

3 **Conjuguez les verbes entre parenthèses au présent du conditionnel.**

1 Je (*vouloir*) .... acheter un autre portable.

2 Qu'est-ce que je (*pouvoir*) .... faire pour lui ?

3 (*Pouvoir*) .... -tu me rendre un service ?

4 Il (*être*) .... très content de te revoir.

5 Vous (*savoir*) .... m'indiquer l'adresse de la filiale BNP ?

6 Tu (*ne pas devoir*) .... lui parler comme ça ! ..... /6

4 **Soulignez la bonne réponse**

1 Tu *accepterais / pourrais* me raccompagner chez moi ?

2 Il *dirait / prendrait* la vérité s'il pouvait.

3 Vous *aimeriez / feriez* faire ce voyage en Chine ?

4 Je *viendrais / verrais* volontiers avec vous

5 Ils *sauraient / seraient* répondre à leurs questions.

6 Je *saurais / serais* ravie de les connaître. ..... /6

5 **Écrivez les verbes au conditionnel passé.**

1 Je partirais. ....

2 Ils prendraient. ....

3 Nous ferions. ....

4 Vous finiriez. ....

5 Elle irait. ....

6 Tu voudrais. .... /6

TOTAL .... /30

NOM .... PRÉNOM .... DATE ....

1 **Complétez les phrases avec *qui* ou *que*.**

1 C'est lui .... a pris cette décision ?

2 C'est une spécialité .... j'adore.

3 Son mari, ... parle très bien chinois, travaille comme traducteur.

4 C'est un film .... a beaucoup de succès.

5 J'entends un portable .... sonne.

6 Londres est une ville .... je ne connais pas.   ..... /6

2 **Complétez les phrases avec *qui* ou *quoi*.**

1 C'est quelqu'un sur .... on peut toujours compter.

2 Je me demande à .... je pourrais m'adresser.

3 Il n'y a pas de .... s'étonner.

4 Je voudrais savoir avec .... il a préparé cette recette.

5 C'est le garçon pour .... j'ai acheté ce cadeau.

6 C'est une personne avec .... je ne peux pas vivre.   ..... /6

3 **Complétez les phrases avec *qui, que, où, dont*.**

1 C'est une station de ski .... je vais souvent.

2 Le prof de maths .... nous avions l'année dernière était très sévère.

3 Voilà le roman .... je t'ai parlé.

4 C'est un acteur .... est connu dans le monde entier.

5 Quelle est l'adresse de la salle de gym .... tu vas ?

6 C'est le garçon .... tu m'as parlé ?   ..... /6

4 **Soulignez la bonne réponse.**

1 Le *mien / mienne / miens* ne marche pas.

2 La *sienne / sien / siens* est allumée.

3 Je prends mes clés, tu prends *la tienne / les tiennes / les tiens*.

4 Je n'ai pas de parapluie, tu me donnes *le tien / la sienne / les siens* ?

5 Nous avons nos soucis, ils ont *les leurs / le leur / les siens*.

6 Il me manque un couteau, tu me passes *la tienne / le tien / les tiennes*, s'il te plaît ?   ..... /6

5 **Soulignez la bonne réponse.**

1 Son chien est un caniche, *le mien / la mienne / les miens* est un berger allemand.

2 Sa fille est partie aux États-Unis, *la mienne / le mien / les miens* est en Angleterre.

3 Son lycée est dans la banlieue, *le nôtre / la notre / le notre* est dans le centre-ville.

4 Son canapé est en cuir, *la mienne / le mien / les leurs* est en tissu.

5 Votre train part à sept heures, *le mien / la mienne / la nôtre* part à sept heures et quart.

6 Notre bureau ferme à cinq heures, *les leurs / la leur / le leur* ferme à quatre heures.   ..... /6

TOTAL .... /30

NOM .... PRÉNOM .... DATE ....

1 Soulignez la bonne réponse.

1 Ces livres-ci sont plus épais que *celui-là / ceux-là / celles-là*.

2 La cuisine chinoise ? Je préfère *celle / celles /ceux* du Maroc.

3 Ce pull jaune ? J'aime mieux *le bleu / celui bleu / celle bleue*.

4 Ce roman est *celui / celle / ceux* que je préfère.

5 Cet hôtel-ci est meilleur que *ceux-là / celle-là / celui-là*.

6 Allez dans ce restaurant-ci pas dans *celle-là / celles-là / celui-là*. ..... /6

2 Soulignez la bonne réponse.

1 Cet appartement-ci est plus spacieux que *celle-ci / ceux-ci / celui-là*.

2 Qu'est-ce que tu vas faire avec *celle / ça / celui* ?

3 *Celui / Celui-ci / Celle* qui parle est ma tante.

4 Cet ordinateur est de la même marque que *celui-là / celle / celui* de ton frère.

5 Je ne comprends pas *ça / ce / celui-ci* que tu veux dire.

6 *Cela / Ce / Celle* n'a pas beaucoup d'importance. ..... /6

3 Soulignez la bonne réponse.

1 Cette glace-ci est moins sucrée que *celle / celui / ceux* à la crème.

2 Quelle assiette veux-tu ? Celle-ci ou *celui / celle / celle-là* ?

3 *Celui-ci / Celle-ci / Ceux-ci* sont cassés.

4 Je ne sais pas *ça / ce que / ce qu'* il veut.

5 Tu veux *ce dont / ce qui / ça* ?

6 Ce film ? Je préfère *celui / celle / ceux* de la semaine dernière. ..... /6

4 Soulignez la bonne réponse.

1 Je voudrais savoir *ce qu' / ce que / ce dont* ils veulent.

2 Vous ne comprenez pas *ce que / ce qu' / qu'* il pense.

3 *Ça qu' / Celle qu' / Ce qu'* il veut est difficile à obtenir.

4 Je ne sais pas *ça / ce que / ce qui* l'inquiète.

5 Tu prends *ce dont / ce qui / ça* ?

6 Et avec *celui / ça / celle*, vous désirez autre chose ? ..... /6

5 Complétez les phrases avec un pronom démonstratif.

1 Passe-moi un dictionnaire ! Pas .... d'anglais, je veux .... d'allemand.

2 Cette chanson est .... que je préfère.

3 Je préfère les vins du Bordelais à .... de la Bourgogne.

4 Vous cherchez vos clés ? Est-ce que ce sont .... par hasard ?

5 .... s'est passé est inadmissible ! ..... /6

TOTAL .... /30

Unité 60　Le comparatif
Unité 61　Le superlatif

NOM ....　PRÉNOM ....　DATE ....

1 Formulez des phrases au comparatif avec les indications données.

　1 Mathis / sportif / son frère (+) ....

　2 Le chinois / compliqué / l'espagnol (+) ....

　3 Manon / studieuse / sa cousine (=) ....

　4 Le prof d'anglais / sévère / le prof de maths (–) ....

　5 Ce musée / connu / l'autre (=) ....

　6 Coralie / curieuse / Lélie (–) ....　..... /6

2 Formulez des phrases au comparatif selon les indications données.

　1 Basile a trois chats. Sa cousine aussi a trois chats. (=)

　...

　2 Christian lit beaucoup. Son frère ne lit pas. (+)

　...

　3 Sarah gagne peu d'argent. Nadine en gagne beaucoup. (–)

　...　..... /6

3 Soulignez la bonne réponse.

　1 Cet hôtel-ci a *plus / plus des / plus de* chambres que celui-là.

　2 Elle est *aussi / autant / si* sympa que sa sœur.

　3 Ils travaillent *aussi / bien / moins* que leurs collègues.

　4 Il a *moins / moins de / moins des* livres qu'elle.

　5 Ici, il y a *moins / moins de / moins du* monde que là-bas.

　6 Nous lisons *aussi / autant que / autant de* BD que de journaux.　..... /6

4 Transformez les phrases au superlatif absolu.

　1 Sophie est généreuse. ....

　2 Monsieur Gilbert est disponible. ....

　3 Ce vin est cher. ....

　4 Cette solution est difficile. ....

　5 Ce chien est méchant. ....

　6 Cette équation est compliquée. ....　..... /6

5 Formez des phrases au superlatif relatif.

　1 Ce sac est cher. Les autres sacs dans la vitrine ne sont pas aussi chers.

　...

　2 Cette boîte est très à la mode. Les autres boîtes de la ville sont moins appréciées.

　...

　3 Cette plage publique est bien équipée. Les autres plages sont moins bien équipées.

　...

　4 Cette crème est très sucrée. Toutes les autres crèmes sont moins sucrées.

　...

　5 Ce film est amusant. Les autres sont ennuyeux.

　...

　6 Cette pièce est spacieuse. Les autres pièces de l'appartement sont plus petites.

　...　..... /6

TOTAL ..... /30

NOM .... PRÉNOM .... DATE ....

1 Complétez les phrases avec *tout(e)*, *tous* ou *toutes*.

1 Tu as fini .... les carottes ?

2 Ils ont mangé .... le poulet rôti.

3 .... les chambres ont été réservées.

4 J'ai appris .... la poésie par cœur.

5 Elle a passé .... sa jeunesse en Italie.

6 J'ai besoin de .... les dépliants sur l'Allemagne.   ..... /6

2 Complétez les phrases avec *plusieurs*, *différent(es)*, *divers(es)*, *nombreux / nombreuses*, *certain(es)*. Parfois, plusieurs solutions sont possibles.

1 Il y a de .... hôtels dans cette station balnéaire.

2 Nous avons .... possibilités.

3 Ils ont eu de .... vicissitudes.

4 .... chambres ont une belle vue sur la mer.

5 .... élèves n'ont pas participé à ce voyage.

6 .... hôtels proposent des offres spéciales pour les familles.   ..... /6

3 Complétez les phrases avec *quelque* ou *quelques*.

1 Tu veux manger .... chose ?

2 Elle a demandé .... jours de congé.

3 Ils ont .... problèmes à résoudre.

4 Je ne trouve plus mon portable. Je l'ai mis .... part, mais je ne sais plus où.

5 Ça fait .... temps que je ne l'ai pas vu.

6 Elle a vécu .... années aux États-Unis.   ..... /6

4 Complétez les phrases avec *aucun* ou *aucune*.

1 Ils n'ont .... intention de modifier ce projet.

2 Je n'ai lu .... livre de cet auteur.

3 Il n'y a .... chambre libre dans cet hôtel.

4 Tu n'as .... envie de travailler.

5 Nous ne leur avons donné .... conseil.

6 .... professeur ne m'a interrogé aujourd'hui.   ..... /6

5 Soulignez la bonne réponse.

1 Nous avons dansé *tous / chaque / toute* la soirée.

2 *Toutes / Tous / Tout* les places sont occupées.

3 Il a *quelques / tous / chaque* amis en France.

4 Vous faites *tous / toute / toutes* les traductions ?

5 Elles ont *plusieurs / tous / toutes* choses à faire.

6 *Chaque / Tout / Tous* participant doit remplir ce formulaire.   ..... /6

TOTAL .... /30

Unité 63 Les adverbes de manière
Unité 64 Les adverbes de temps

NOM .... PRÉNOM .... DATE ....

1 Formez les adverbes en *-ment* correspondant aux adjectifs féminins suivants.

1 malheureuse .... **4** attentive ....

2 polie .... **5** prudente ....

3 sensible .... **6** réelle ....

..... /6

2 Complétez le tableau.

Adjectif masculin	Adjectif féminin	Adverbe en *-ment*
utile		
	régulière	
		prudemment

..... /6

3 Complétez les phrases avec les adverbes proposés.

environ   jamais   longtemps   malheureusement   presque   toujours

1 Il ne boit .... de bière.

2 Il déjeune .... à la maison.

3 Ils ont .... habité à Toulouse.

4 L'autobus passe à huit heures ....

5 Nous avons .... le même âge.

6 .... nous sommes arrivés trop tard pour assister au spectacle.

..... /6

4 Complétez les phrases avec les adverbes proposés.

avant   déjà   jamais   souvent   tard   tout de suite

1 Vous avez .... fini ?

2 Il est .... , il faut rentrer !

3 Tu viens avec moi ? Pas ...., je dois passer chez Martine.

4 Ils ne sortent .... le soir.

5 Tu aimes aller au théâtre ? Oui, j'y vais ....

..... /6

5 Complétez les phrases avec les adverbes proposés.

avant-hier   hier   longtemps   souvent   tard   toujours

1 Elle a attendu deux heures : elle a attendu ....

2 Aujourd'hui, c'est mardi. Il est parti dimanche dernier, donc il est parti.................... .

3 Il adore faire du ski. Il va .... à la montagne en hiver.

4 C'est un enfant très capricieux. Il fait .... des caprices.

5 Aujourd'hui, nous sommes le quatorze. Il est parti le treize. Il est donc parti ....

6 Il est minuit. Il est trop .... pour lui téléphoner.

..... /6

TOTAL .... /30

β1 **Fiche 37**

Unité 65 **Les pronoms personnels groupés**
Unité 66 **Les pronoms interrogatifs**
Unité 67 **Les pronoms indéfinis**

NOM .... PRÉNOM .... DATE ....

1 **Récrivez les phrases en remplaçant les mots soulignés par des pronoms personnels groupés.**

1 Elle raconte cette histoire à ses enfants. ....
2 Il offre un bracelet à sa femme. ....
3 Je prête mon portable à ma sœur. ....
4 Tu conseilles cette revue à une amie. ....
5 Il propose ce projet au directeur. ....
6 Elle prépare une quiche pour son mari. .... /6

2 **Mettez les phrases à l'impératif affirmatif (A) ou négatif (N).**

1 Tu la lui offres. **A**   ....   4 Tu m'accompagnes. **A**   ....
2 Nous les leur donnons. **N**   ....   5 Vous vous en allez. **N**   ....
3 Vous nous les conseillez. **A** ....   6 Nous le lui proposons. **N**   ....

                                                                                  ..... /6

3 **Complétez les phrases avec un pronom interrogatif.**

1 .... tu bois ? Je voudrais un café.
2 Avec .... tu sors ? Avec ma sœur.
3 .... t'a raconté ça ? C'est mon voisin qui me l'a dit.
4 Voici deux jupes, ... préfères-tu ?
5 .... de ces sandwiches tu veux ?
6 De .... s'occupe-t-il ? De la gestion des ventes. ..... /6

4 **Soulignez la bonne réponse**

1 *Quelqu'un / Personne / Aucun* a besoin d'aide ?
2 *Personne / Aucun de / Aucune de* ces étudiantes n'a passé son examen.
3 *Personne / Aucun / Aucune* n'a voulu lui parler.
4 Est-ce que *quelqu'un / chacun / personne* pourrait m'accompagner à l'aéroport ?
5 *Chaque / Chacun / Chacune de* ces filles a collaboré avec nous.
6 *Chacun / Personne / Quiconque* doit s'occuper de son inscription. ..... /6

5 **Complétez les phrases avec les pronoms indéfinis proposés.**

aucun de	n'importe quoi	personne	quelqu'un	quiconque	rien

1 Il n'a lu .... ces journaux.
2 Il a fait .... hier.
3 .... ne veut faire ce travail.
4 .... vous a cherché.
5 Il n'a pratiquement .... dit de toute la soirée.
6 .... veut s'inscrire à ce cours doit s'adresser au secrétariat. ..... /6

TOTAL .... /30

NOM .... PRÉNOM .... DATE ....

1 Accordez le participe passé, si nécessaire.

1 Mon voisin ? Non, je ne l'ai pas vu......................... .

2 Mes amis ? Oui, je les ai rencontré........................ .

3 Mes collaboratrices ? Oui, je les ai réuni........................ hier.

4 Les enfants ? Oui, je les ai invité........................ .

5 Cette chanteuse ? Non, je ne l'ai pas interviewé........................ .

6 Mes parents ? Non, je ne les ai pas prévenu........................ .   ..... /6

2 Transformez les phrases comme dans l'exemple.

Ex. : J'ai acheté des livres. → *Les livres que j'ai achetés.*

1 Il a trouvé des solutions. ....

2 J'ai envoyé des mails. ....

3 Elle a préparé une tarte. ....

4 Ils ont vu des amis. ....

5 J'ai visité des expositions. ....

6 J'ai lu des articles. .... /6

3 Accordez le participe passé, si nécessaire.

1 Elle est sorti.............. avec Pierre.

2 J'ai acheté.............. beaucoup de revues.

3 Nous sommes allé.............. au théâtre.

4 Les livres que j'ai lu.............. sont intéressants.

5 Nous avons préparé.............. deux tartes.

6 Les enfants ont mangé.............. tout le chocolat.   ..... /6

4 Conjuguez les verbes entre parenthèses au passé composé en faisant l'accord, si nécessaire.

1 La villa qu'ils (*louer*) .... est magnifique.

2 Les films que nous (*voir*) .... sont supers.

3 Nous (*se réveiller*) .... quand le téléphone a sonné.

4 Ils ne (*s'apercevoir*) .... de rien.

5 Je (*se couper*) .... les cheveux.

6 Pourquoi est-ce qu'elle (*ne pas se promener*) .... avec nous ?   ..... /6

5 Conjuguez les verbes entre parenthèses au plus-que-parfait.

1 Je (*ne pas le reconnaître*) .... !

2 Tu (*se renseigner*) .... ?

3 Nous (*partir*) .... avec eux.

4 Il (*promettre*) .... de le faire.

5 Vous (*dire*) .... ça !

6 Ils (*rater*) .... le train.   ..... /6

TOTAL .... /30

NOM .... PRÉNOM .... DATE ....

1 Mettez les participes présents à la forme négative.

1 arrivant ....
2 sachant ....
3 voyant ....
4 réussissant ....
5 choisir ....
6 comprendre .... /6

2 Mettez les participes présents de l'exercice précédent à la forme composée.

1 arrivant ....
2 sachant ....
3 voyant ....
4 réussissant ....
5 choisir ....
6 comprendre .... /6

3 Récrivez les phrases en utilisant un participe présent à la place des expressions soulignées.

1 Nous cherchons un animateur qui parle parfaitement français.
....

2 Puisque nos enfants grandissent, nous cherchons une maison plus spacieuse.
....

3 Comme je ne suis pas libre le matin, je peux travailler l'après-midi ou le soir.
....

4 Puisque j'ai déjà visité cette ville, je peux vous accompagner.
....

5 Nous cherchons un produit d'entretien qui a une action antiseptique.
....

6 Vous cherchez un employé qui a moins de 25 ans ?
.... /6

4 Soulignez la bonne solution.

1 C'est une tâche *fatiguante / fatigante*.
2 C'est un travail *comportant / comportante* beaucoup de responsabilités.
3 C'est un problème *influant / influent* sur les coûts de production.
4 Ils ont des points de vue *divergeants / divergents*.
5 Son discours n'est pas du tout *convaincant / convainquant*.
6 Ses réponses sont très *provocantes / provoquantes*.

5 Récrivez les phrases en utilisant un gérondif à la place des expressions soulignées.

1 J'ai acheté ces journaux quand je suis arrivé à la gare. ....
2 Si vous prenez la première à droite, vous trouverez la gare routière à votre gauche. ....
3 Si tu fais du jogging, tu resteras en forme. ....
4 Je regarde la télé pendant que je repasse. ....
5 Je la vois chaque matin quand je promène mon chien. ....
6 J'écoute de la musique pendant que je lis mon journal. .... /6

TOTAL .... /30

NOM ....   PRÉNOM ....   DATE ....

1 **Écrivez les verbes au présent du subjonctif.**

   1 **Pouvoir :** que je ....
   2 **Savoir :** que nous ....
   3 **Aller :** que tu ....
   4 **Vouloir :** que vous ....
   5 **Faire :** qu'il ....
   6 **Venir :** qu'ils .... /6

2 **Écrivez la première personne du singulier et du pluriel du subjonctif présent.**

   1 **Être :** que je   ....   que nous   ....
   2 **Pouvoir :** que je ....   que nous   ....
   3 **Aller :** que j'   ....   que nous   ....
   4 **Sortir :** que je   ....   que nous   ....
   5 **Faire :** que je   ....   que nous   ....
   6 **Dire :** que je   ....   que nous   .... /6

3 **Soulignez la bonne réponse.**

   1 Il faut que *tu sois / soys / soit* plus prudent.
   2 Je ne crois pas qu'*il ait / aie / a* raison.
   3 Je souhaite que vous *pouvez / puissez / puissiez* partir.
   4 Pensez-vous qu'ils *vont / aillent / allions* à Londres ?
   5 Il faut que vous *finiez / finissez / finissiez* ce travail avant ce soir.
   6 Je vous raconte ça afin que vous *pouvez / puissez / puissiez* mieux comprendre.   ..... /6

4 **Conjuguez les verbes entre parenthèses au subjonctif.**

   1 Je voudrais que tu (*faire*) .... attention.
   2 Il faut que tu lui (*acheter*) .... un vélo.
   3 J'exige que vous (*prendre*) .... des précautions.
   4 Je suis désolé qu'il (*être*) .... arrivé en retard.
   5 Il est nécessaire que vous (*réserver*) .... vos places un mois à l'avance.
   6 Je suis heureux qu'elle (*avoir*) .... réussi son examen.   ..... /6

5 **Conjuguez les verbes entre parenthèses au subjonctif.**

   1 Je voudrais que tu me (*laisser*) .... tranquille.
   2 Je veux que vous (*écrire*) .... une lettre de réservation.
   3 Je suis content que vous (*arriver*) .... ce soir.
   4 Il faudrait que tu me (*prêter*) .... ton livre.
   5 Elle veut que son fils (*s'inscrire*) .... à la fac de droit.
   6 Il faut que vous (*répondre*) .... immédiatement.   ..... /6

TOTAL .... /30

NOM .... PRÉNOM .... DATE ....

1 **Mettez les verbes à l'infinitif passé.**

1 choisir ....
2 arriver ....
3 dormir ....
4 partir ....
5 être ....
6 sortir .... / 6

2 **Mettez les expressions à l'infinitif à la forme négative.**

1 marcher sur le tapis ....
2 stationner devant l'école ....
3 se garer en double file ....
4 klaxonner en pleine nuit ....
5 donner à manger aux pigeons ....
6 rester au soleil trop longtemps .... / 6

3 **Transformez les phrases en utilisant *avoir* + *à* + infinitif.**

1 Je dois vous annoncer une bonne nouvelle. ....
2 Vous devez faire des valises. ....
3 Tu dois écrire un mail. ....
4 Elle doit réaliser un projet. ....
5 Il doit dire quelque chose. ....
6 Je dois finir une traduction. .... / 6

4 **Soulignez la bonne réponse.**

1 La réunion *est été annulée / a été annulé / a été annulée* par le directeur.
2 De nouveaux modèles *auront présenté / seront présenté / seront présentés* la semaine prochaine.
3 Elle est estimée *par / de / des* tous ses collègues.
4 Il a été puni *par / de / des* ses parents.
5 Les travaux seront faits *par / de / de la* une entreprise japonaise.
6 Des mesures *viennent / ont été / sont été* prises contre le terrorisme.   ..... / 6

5 **Complétez les phrases avec *de* ou *par* selon les cas.**

1 Ces enfants sont gâtés .... leurs parents.
2 Cet employé est apprécié .... ses collègues.
3 Les résultats seront affichés .... le proviseur à l'entrée du lycée.
4 Il a été récompensé .... le propriétaire du magasin.
5 Elle est aimée .... toute sa famille.
6 Ces exercices ont été corrigés .... un jury.   ..... / 6

TOTAL .... / 30

NOM ....   PRÉNOM ....   DATE ....

1 **Récrivez les phrases au discours indirect.**

1 Il m'a demandé : « Qu'est-ce que tu as fait hier soir ? » ....

2 Elle veut savoir : « Qu'est-ce qui se passe ? » ....

3 Elle demande : « Qu'est-ce que c'est que ce truc ? » ....

4 Ils m'ont demandé : « Combien tu l'as payé ? » ....

5 Elle veut savoir : « Quelle est leur adresse ? » ....

6 Il demande : « Qui vous a dit ça ? » .... / 6

2 **Récrivez les phrases au discours indirect.**

1 Elle répète : « Je ne veux pas faire ce travail ». ....

2 Il déclare : « Je signerai le contrat ». ....

3 Ils disent : « Nous n'accepterons pas ces conditions » ....

4 Elle lui crie : « Finis tes devoirs ! » ....

5 Elle admet : « J'ai l'intention de l'inviter ». ....

6 Elle a insisté: « C'est urgent ! » .... / 6

3 **Récrivez les phrases au discours indirect.**

1 Il a ordonné : « Arrêtez de bavarder ! » ....

2 Il a annoncé : « J'ai tout fini ». ....

3 Il nous a ordonné : « Taisez-vous ! » ....

4 Elle a communiqué : « Je partirai demain ». ....

5 Nous avons répondu : « Ce n'est pas de notre faute ». ....

6 Ils ont dit : « Faites attention ! » .... / 6

4 **Récrivez les phrases au discours indirect.**

1 Il lui demande : « Qu'est-ce que tu as fait hier ? » ....

2 Ils ont dit : « Ne le dérangez pas ! » ....

3 Elles ont dit : « Racontez-nous ce qui s'est passé ! » ....

4 Elle a ordonné : « Finissez ce travail ! » ....

5 Tu as ordonné : « Prenez une décision au plus tôt ! » ....

6 Il répondait : « Je ne peux pas accepter ! » .... / 6

5 **Récrivez les phrases au discours indirect.**

1 Je lui ai dit : « Gare-toi devant l'église ! » ....

2 Elle me disait : « Je suis fatiguée ! » ....

3 Il répondait : « Je ne peux pas accepter ! » ....

4 Il a répondu : « Je l'ai su hier ! » ....

5 Il annonce : « Je vous invite tous ! » ....

6 Il déclarait : « Je suis innocent ! » .... / 6

TOTAL .... / 30

NOM .... PRÉNOM .... DATE ....

1 **Reliez chaque fin de phrase au début correspondant.**

1 ☐ Ça fait un an   **a** depuis deux mois.

2 ☐ Il habite à Nice   **b** que je t'attends !

3 ☐ L'Opéra Bastille a été construit   **c** qu'il travaille ici.

4 ☐ Il y a une demi-heure   **d** dans dix minutes.

5 ☐ Il arrivera   **e** à la fin du XXe siècle.

6 ☐ Ce magasin est ouvert   **f** de 9 h à 19 h.   ..... / 6

2 **Reliez chaque fin de phrase au début correspondant.**

1 ☐ Cet autobus passe   **a** depuis qu'il est rentré.

2 ☐ Ce sport connaît un véritable essor   **b** depuis quelques années.

3 ☐ Cette foire a lieu   **c** la semaine prochaine.

4 ☐ Le président de cette association sera élu   **d** pendant la cuisson du gâteau.

5 ☐ Il est dans sa chambre   **e** tous les quarts d'heure.

6 ☐ N'ouvre pas le four   **f** une fois par an.   ..... / 6

3 **Récrivez les phrases en utilisant *il y a ... que* / *ça fait ... que*.**

1 Tu es partie depuis deux ou trois ans ? ....

2 Ils apprennent l'italien depuis quelques mois. ....

3 Elle est au régime depuis une semaine. .... / 6

4 **Complétez les phrases avec les adverbes proposés.**

demain   hier   maintenant   quelquefois   souvent   tout de suite

1 Tu es libre .... ? Non, je dois aller faire les courses.

2 Je te réponds .... parce que c'est urgent.

3 Je suis allée chez elle .... Elle allait mieux.

4 Je vais chez eux .... Ils m'ont invité à un barbecue.

5 ...., je me demande s'il n'est pas fou !

6 On ne rencontre pas .... des personnes si originales !   ..... / 6

5 **Soulignez la bonne réponse.**

1 *Tandis / Depuis / Pendant qu'* ils sont partis, il ne nous ont pas encore téléphoné.

2 *Avant que / Au moment où / Au fur et à mesure que* vous lisez, soulignez les verbes.

3 *Depuis / En attendant / Pendant* qu'elle lit, son mari jardine.

4 *Après / Jusqu'à ce / Avant* qu'elle a trouvé ce travail, elle s'est installée à Lyon.

5 *Dès / Tandis / Jusqu'à ce* que lui, il travaille beaucoup, elle, elle ne fait rien.

6 *Depuis / En attendant / Pendant* que les invités arrivent, je range la maison.   ..... / 6

TOTAL .... / 30

NOM .... PRÉNOM .... DATE ....

1 **Soulignez la bonne réponse.**

1 S'il fait mauvais, nous ne *sortirons / sortirions / sortions* pas.

2 Si tu *es / sera / seras* sage, tu pourras venir avec nous.

3 Si nous nous étions levés tôt, nous *n'arriverons / n'arriverions / ne serions* pas arrivés en retard.

4 S' il y *a / avait / avait eu* des problèmes, nous vous aurions prévenus.

5 Si vous *pouviez / pouvez / pourriez* nous rejoindre, ça nous ferait plaisir.

6 Si tu *as / avais eu / aurais* besoin de renseignements, appelle-nous !   ..... / 6

2 **Conjuguez les verbes entre parenthèses.**

1 J'irai faire du ski s'il (*neiger*) ....

2 Si vous êtes d'accord, je (*réserver*) .... des places pour ce concert.

3 S'il le (*vouloir*) ...., il pourrait t'aider.

4 Si tu (*étudier*) .... davantage, tu aurais eu de bonnes notes.

5 Si j'avais su, je (*faire*) .... quelque chose pour lui.

6 Si tout le monde est en retard, la séance (*ne pas pouvoir*) .... avoir lieu.   ..... / 6

3 **Conjuguez les verbes entre parenthèses.**

1 Je ne prends pas la voiture s'il (*y avoir*) .... trop de circulation.

2 Si tu (*savoir*) .... ce qu'il a fait, tu ne lui parlerais plus.

3 Si tu (*écouter*) .... mes conseils, tu pourrais réussir.

4 Si vous (*faire*) .... attention, vous n'aurez aucun problème.

5 Si mes parents me (*prêter*) .... de l'argent, j'achèterais ce studio.

6 Si vous (*inviter*) .... vos amis, vous devez préparer un bon dîner.   ..... / 6

4 **Soulignez la bonne réponse.**

1 Vous pouvez sortir *à condition de / pourvu que* vous soyez de retour tôt.

2 *À moins qu' / À moins de* il ne pleuve, j'irai me promener.

3 J'achèterai ce studio, *faute de / quitte à* dépenser tout mon argent.

4 *Supposé qu' / À condition de* il soit parti à six heures, il devrait être déjà arrivé.

5 *Quitte à / Faute* d' argent, elle n'a pas pu acheter cet appareil.

6 Vous pouvez parler avec le directeur, *à condition d' / à moins d'* attendre une demi-heure.   ..... / 6

5 **Conjuguez les verbes entre parenthèses au subjonctif ou au conditionnel.**

1 Au cas où vous (*pouvoir*) .... arriver avant, vous devriez nous prévenir.

2 J'irai faire une randonnée pourvu qu'il (*ne pas faire*) .... trop froid.

3 Quand même ils (*être*) .... présents, ils n'auront pas le droit de voter.

4 Je sortirai avec toi, à moins que tu n' (*avoir*) .... autre chose à faire.

5 Il sera admis pourvu qu'il (*accepter*) .... nos conditions.

6 Vous devriez vous inscrire avant samedi au cas où vous (*décider*) .... de participer.   ..... / 6

TOTAL .... / 30

NOM ....   PRÉNOM ....   DATE ....

1 **Complétez les phrases avec *d'autres* ou *des autres* selon les cas.**

   1 Nous avons encore .... lettres à traduire.

   2 Dis-moi les titres .... romans que tu as lus.

   3 .... filles ont décidé de s'inscrire au cours de danse.

   4 Tu as .... questions à me poser ?

   5 Voilà l'emploi du temps .... classes.

   6 Nous avons reçu .... réclamations.   ..... / 6

2 **Complétez les phrases avec *même(s)*, *quelconque* ou *n'importe quel*.**

   1 Il a les .... professeurs que moi.

   2 Ce pull ? Je l'ai tricoté moi- .... !

   3 Il ne faut pas acheter .... produit, il faut se renseigner sur ses composantes.

   4 Prends une enveloppe .... !

   5 .... son père refuse de lui parler.

   6 Ils s'entendent très bien : ils ont les .... centres d'intérêts.   ..... / 6

3 **Complétez les phrases avec *quelconque*, *n'importe quel / quelle*, quelque(s) ou *quel(s) / quelle(s)*.**

   1 .... question que nous lui posions, il ne répond pas.

   2 .... que puissent être ses opinions, nous n'allons pas changer d'avis à cause de lui.

   3 Pour ouvrir cette porte, vous pouvez prendre une clé ....

   4 .... clé peut ouvrir cette porte.

   5 .... soucis qu'il ait, il ne devrait pas en parler à sa femme.

   6 .... que puisse être son métier, il gagne sûrement beaucoup d'argent.   ..... / 6

4 **Complétez les phrases avec un pronom relatif composé.**

   1 C'est une décision contre .... nous ne pouvons pas lutter.

   2 Il s'agit d'un tissu avec .... on peut réaliser toute sorte de lingerie.

   3 J'ai trouvé un code grâce .... on peut accéder à ce site Internet.

   4 C'est un spectacle .... n'importe qui peut assister gratuitement.

   5 Voilà la raison pour .... j'ai décidé de démissionner.

   6 C'est une émission à .... n'importe qui peut participer comme concurrent.   ..... / 6

5 **Complétez les phrases avec un pronom composé.**

   1 Ce sont des difficultés .... nous n'avions pas pensé.

   2 C'est un succès .... on ne s'attendait pas.

   3 C'est un avion dans .... il y a beaucoup de conforts.

   4 C'est un ordinateur sur .... les aveugles peuvent travailler.

   5 Ce sont des problèmes contre .... on ne peut rien faire.

   6 C'est un livre dans .... il y a beaucoup de recettes.   ..... / 6

TOTAL ..... / 30

NOM .... PRÉNOM .... DATE ....

1 **Soulignez la bonne réponse.**

1 Il *faut / existe* changer la serviette.

2 Pour ouvrir cette bouteille, il *vaut mieux / suffit de* tourner le bouchon.

3 Il *s'agit / se passe* d'un édifice très ancien.

4 Est-ce qu'il te *arrive / manque* quelque chose ?

5 Il *existe / suffit* uniquement deux types de tondeuse.

6 Il fait *chaud / froid*, je vais éteindre le chauffage. ..... / 6

2 **Soulignez la bonne réponse.**

1 Il *se passe / s'agit* d'une intrigue internationale.

2 Il *reste / s'agit* encore quelques tranches de jambon.

3 Est-ce qu'il vous *faut / suffit* du sucre ?

4 Qu'est-ce qui *se passe / s'agit* ?

5 Il *neige / fait beau*, on reste à la maison.

6 Il *y a / vaut mieux* réserver à l'avance. ..... / 6

3 **Conjuguez les verbes entre parenthèses au subjonctif présent.**

1 Il est indispensable que vous (*faire*) .... attention aux détails.

2 Il est interdit que vous (*jeter*) .... des mégots par terre.

3 Il est nécessaire que vous (*renoncer*) .... à votre projet.

4 Il faut que tu (*accepter*) .... ses conditions.

5 Il est fort possible qu'ils (*savoir*) .... où il est.

6 Il est peu probable qu'il (*prendre*) .... cette décision. ..... / 6

4 **Récrivez les phrases de façon exclamative en utilisant les mots entre parenthèses.**

1 Ils ont beaucoup dormi. (*tant*) ....

2 C'est très compliqué. (*si*) ....

3 Elle est belle. (*comme*) ....

4 Il est insupportable. (*qu'est-ce que*) ....

5 Cet exercice est plein de fautes. (*que de*) ....

6 J'ai dépensé beaucoup d'argent. (*combien de*) .... / 6

5 **Récrivez les phrases de façon exclamative en utilisant les mots entre parenthèses.**

1 J'ai eu zéro ! C'est une honte. (*quelle*) ....

2 Il a été puni. C'est une injustice. (*quelle*) ....

3 La plage est pleine de monde. (*que de*) ....

4 Ce paysage est très beau. (*qu'est-ce que*) ....

5 Elle a beaucoup maigri. (*combien*) ....

6 Les billets sont finis. C'est dommage ! (*quel*) .... / 6

TOTAL ..... / 30

NOM .... PRÉNOM .... DATE ....

1 **Conjuguez les verbes au passé simple.**

1 Je (*regarder*) ....
2 Il (*faire*) ....
3 Tu (*choisir*) ....
4 Elle (*comprendre*) ....
5 Vous (*avoir*) ....
6 Nous (*dormir*) .... / 6

2 **Conjuguez les verbes au passé simple.**

1 Je (*venir*) ....
2 Tu (*voir*) ....
3 Il (*connaître*) ....
4 Nous (*être*) ....
5 Vous (*devoir*) ....
6 Ils (*vivre*) .... / 6

3 **Conjuguez les verbes entre parenthèses au passé simple.**

1 Il (*prendre*) .... une décision difficile.
2 Il (*faire*) .... semblant de ne pas nous reconnaître.
3 Nous (*quitter*) .... la salle avant la fin du spectacle.
4 Elle (*s'en aller*) .... sans nous attendre.
5 Nous (*finir*) .... notre travail avant de sortir.
6 Je (*devoir*) .... renoncer à mon projet. ..... / 6

4 **Choisissez le verbe qui convient et conjuguez-le au passé simple.**

1 Je (*décider / renoncer*) .... à mes vacances.
2 Il lui (*répondre / demander*) .... qu'il n'était pas au courant.
3 Tu (*devoir / pouvoir*) .... s'adresser à l'accueil.
4 Ils (*renoncer / accepter*) .... leur offre.
5 Nous (*connaître / faire*) .... beaucoup de monde au cours de ce voyage.
6 Il (*vivre / passer*) .... longtemps en France. ..... / 6

5 **Soulignez la bonne réponse.**

1 Je le *rencontra / rencontrai / rencontras* au cours d'un voyage.
2 Elle *finis / finisse / finit* son travail et s'en alla.
3 Il *pris / prie / prit* la parole après le discours du président.
4 Nous *arrivèrent / arrivâmes / arrivâtes* en retard.
5 Tu *sus / su / sut* trouver une solution à ce problème.
6 Elle ne le *vis / vit / vut* pas partir. ..... / 6

TOTAL ..... / 30

NOM	PRÉNOM	DATE ....

1 **Conjuguez les verbes au futur antérieur.**

1 J'aurai ....

2 Tu seras ....

3 Nous partirons ....

4 Vous devrez ....

5 Tu verras ....

6 J'irai .... / 6

2 **Écrivez les verbes soulignés au futur antérieur.**

1 Nous visiterons ce musée. ....

2 La banque inaugurera cette filiale. ....

3 Nous déjeunerons dans une cafétéria. ....

4 Vous ferez une randonnée à vélo. ....

5 Ils prendront le TGV. ....

6 J'irai à Rome. .... / 6

3 **Conjuguez les verbes entre parenthèses au futur antérieur.**

1 Quand elle (*finir*) .... son travail, elle s'en ira.

2 Dès qu'il (*trouver*) .... un emploi, il se mariera.

3 Après que je (*regarder*) .... ce film, je sortirai.

4 Lorsque je (*ouvrir*) .... un compte, j'y verserai de l'argent.

5 Après qu'elle (*suivre*) .... ce stage, elle sera embauchée.

6 Dès que je (*arriver*) .... je t'enverrai un texto.   ..... / 6

4 **Conjuguez les verbes entre parenthèses au futur simple ou au futur antérieur, selon le cas.**

1 Dès que je (*passer*) .... le bac, je ferai un stage à l'étranger.

2 Une fois que nous aurons fini ce travail, on (*aller*) .... au cinéma.

3 Quand nous (*prendre*) .... notre petit déjeuner, nous sortirons visiter la ville.

4 Quand vous (*arriver*) .... à la gare, vous devrez prendre un taxi.

5 Une fois qu'on aura construit la nouvelle maison, nous (*déménager*) ....

6 Une fois que vous aurez appris le chinois, vous (*pouvoir*) .... être embauché.   ..... / 6

5 **Conjuguez les verbes entre parenthèses au futur simple ou au futur antérieur, selon le cas.**

1 Une fois que je (*terminer*) .... ce stage, je partirai en vacances.

2 Dès que vous aurez pris une décision, vous (*devoir*) .... nous la communiquer.

3 Quand ils (*visiter*) .... le musée, ils iront acheter des souvenirs.

4 Dès qu'on (*acheter*) .... les billets du concert, on organisera la soirée.

5 Quand nos amis seront arrivés, on (*pouvoir*) .... prendre l'apéritif.

6 Dès que je (*examiner*) .... leur proposition, je prendrai une décision.   ..... / 6

TOTAL .... / 30

NOM .... PRÉNOM .... DATE ....

1 **Soulignez la bonne réponse.**

1 *Vu qu' / À cause de* il n'a pas de jours de congé, il ne peut pas partir en vacances.

2 Des vols ont été annulés *grâce à / à cause de* la grève des pilotes.

3 Je ne suis pas sorti *grâce au / à cause du* mauvais temps.

4 Elle est très nerveuse *à cause de / car* elle à beaucoup de choses à faire.

5 Le voyage a été annulé *grâce au / à cause du* petit nombre de participants.

6 Ils ont été grondés *vu que / pour* avoir laissé la chambre en désordre. ..... / 6

2 **Complétez les phrases avec *parce que / car*, *pour*, *vu que*, *grâce à* ou *à cause de*.**

1 Elle a fait ce voyage .... des raisons de travail.

2 Le départ a été annulé .... la grève des trains.

3 Nous n'avons pas trouvé une table libre .... nous avons réservé tard.

4 .... cet hôtel est très demandé, il vaut mieux réserver à l'avance.

5 Elle a trouvé un vol pas cher .... ce site.

6 Pourquoi tu n'as pas appelé tout de suite ? .... je n'avais plus de batterie. ..... / 6

3 **Conjuguez les verbes entre parenthèses au subjonctif.**

1 Une campagne contre l'alcool est lancée afin que les automobilistes (*être*) .... plus prudents.

2 Il faut éviter l'abus de pesticides afin qu'il (*ne pas y avoir*) .... de pollution.

3 Je lui propose un petit boulot afin qu'il (*pouvoir*) .... se payer ses études.

4 Envoie un texto à tes parents afin qu'ils (*être*) .... au courant que tu rentres tard.

5 J'ai inscrit ma fille à un stage à Londres afin qu'elle (*pouvoir*) .... améliorer son anglais.

6 Il faut qu'elle travaille moins afin que vous (*partir*) .... en vacances. ..... / 6

4 **Formulez des phrases exprimant la conséquence en utilisant les mots entre parenthèses.**

1 Cet hôtel est peu cher. Beaucoup de touristes le choisissent. (*si... que*)

....

2 Il y a beaucoup de monde. Il est impossible de trouver une table libre. (*tellement... que*)

....

3 Elle a mis des sandales. Elle s'est mouillé les pieds. (*de sorte que*)

.... / 6

5 **Conjuguez les verbes entre parenthèses au subjonctif.**

1 Bien qu'il (*ne pas faire*) .... beau, il est sorti quand même.

2 Bien qu'elle (*ne pas être*) .... très gentille, elle a obtenu l'aide de ses collègues.

3 Bien qu'ils (*devoir*) .... partir dans deux heures, ils n'ont pas encore préparé leurs bagages.

4 Bien qu'elle (*pouvoir*) .... acheter de beaux vêtements, elle porte toujours un jean.

5 Bien que vous (*avoir*) .... raison, vous n'avez pas pu obtenir ce que vous vouliez.

6 Bien qu'il (*faire*) .... mauvais, il ne renonce jamais à faire du jogging. ..... / 6

TOTAL ..... / 30

| NOM ....   PRÉNOM ....   DATE .... |

1 **Soulignez la bonne réponse.**

1 Je me demande avec qui ils *sont sortis / sortent / sortiront* samedi dernier.

2 Je veux que tu lui *dises / dis / disait* bonjour.

3 Il a dit qu'il *partira / est parti / partirait* la semaine prochaine.

4 Il communiqua qu'il *rentrera / rentrerait / rentre* avant la fin du mois.

5 Elle annonça qu'elle *changera / changerait / change* d'adresse.

6 Je ne comprends pas ce qu'il *dit / dise / dirait*.   ..... / 6

2 **Conjuguez les verbes entre parenthèses au subjonctif présent ou au présent de l'indicatif.**

1 Je veux que tu (*aller*) .... avec lui.

2 J'espère qu'il (*venir*) .... avec nous.

3 Je suis content que vous (*partir*) .... avec nous.

4 Je ne pense pas qu'il (*sortir*) .... avec elle.

5 Je pense qu'elle (*habiter*) .... dans la banlieue parisienne.

6 Je voudrais que vous (*lire*) .... cet article.   ..... / 6

3 **Conjuguez les verbes entre parenthèses au subjonctif présent ou au présent de l'indicatif.**

1 Je crois qu'il (*sortir*) .... à cinq heures.

2 Je suis certain que tu (*parler*) .... plusieurs langues.

3 Tu penses qu'il (*ne pas avoir*) .... raison ?

4 Nous espérons que vous (*choisir*) .... notre modèle.

5 Nous ne pensons pas que vous (*connaître*) .... exactement ses intentions.

6 Je suis désolé que tu (*devoir*) .... renoncer à ce projet.   ..... / 6

4 **Conjuguez les verbes entre parenthèses au subjonctif présent ou au présent de l'indicatif.**

1 Nous croyons que vous (*pouvoir*) .... avoir de bons résultats.

2 Pensez-vous qu'il (*être*) .... digne de confiance ?

3 Ne crois-tu pas qu'elle (*dire*) .... toujours des bêtises ?

4 J'exige que tu (*finir*) .... ce travail tout de suite.

5 Je pense qu'il (*vouloir*) .... réussir à tout prix.

6 Il est juste qu'ils (*aller*) .... voir leurs amis.   ..... / 6

5 **Conjuguez les verbes entre parenthèses au mode et au temps qui conviennent.**

1 Salut Mathis, j'espère que tu (*aller*) .... mieux maintenant.

2 Il a promis qu'il (*déjeuner*) .... avec nous.

3 J'espère que tu (*arriver*) .... à l'heure.

4 Il faut que je (*faire*) .... attention.

5 Nous regrettons que vous (*ne pas pouvoir*) .... venir chez nous à la date prévue.

6 Croyez-vous qu'ils (*être*) .... sincères ?   ..... / 6

TOTAL ..... / 30

TESTS A1

Fiche 1

1 1 la 2 les 3 le 4 les 5 la 6 les.

2 1 une 2 des 3 un 4 des 5 des 6 une.

3 1 au 2 à la 3 aux 4 au 5 au 6 aux.

4 1 un 2 les 3 les 4 une 5 Le 6 une.

5 1 au 2 au 3 du 4 de l' 5 des 6 à l'.

Fiche 2

1 1 du 2 de la 3 des 4 de l' 5 du 6 de la.

2 1 du 2 de 3 des 4 du 5 du 6 de la.

3 1 du 2 de 3 du 4 des 5 de 6 de.

4 1 des 2 de 3 de 4 des 5 du 6 de.

5 1 du 2 de 3 - 4 des 5 de 6 d'.

Fiche 3

1 1 vendeuse 2 chanteuse 3 princesse 4 tante 5 nièce 6 grand-mère.

2 1 mince 2 fatiguée 3 impulsive 4 furieuse 5 mexicaine 6 charmante.

3 1 sotte 2 bonne 3 folle 4 première 5 inquiète 6 sévère.

4 1 dernière 2 autrichienne 3 rousse 4 vieille 5 grecque 6 belle.

5 1 anglaise 2 tunisienne 3 françaises 4 turque 5 américaines 6 espagnoles.

Fiche 4

1 1 des films 2 des élèves 3 les portes 4 les tables 5 les professeurs 6 des collégiennes.

2 1 nationaux 2 jeunes 3 finals 4 délicieux 5 japonais 6 doux.

3 1 des bijoux précieux 2 des cailloux pointus 3 de beaux pays 4 des journaux français 5 des travaux intéressants 6 des jeux ennuyeux.

4 1 de bons lycéens 2 des choux frais 3 des puits profonds 4 des bateaux fluviaux 5 des travaux ennuyeux 6 des gâteaux délicieux.

5 1 vitraux 2 châteaux 3 choux 4 poux 5 animaux 6 travaux.

Fiche 5

1 1 sont 2 ont 3 sont 4 es 5 est 6 as.

2 1 sommes musiciens. 2 sont anglais. 3 ont tort. 4 avez besoin de quelque chose ? 5 avons un chat siamois. 6 ont l'intention d'accepter.

3 1 sont 2 ai 3 sommes 4 a 5 est 6 as.

4 1 as 2 ont 3 ont 4 est 5 a 6 as.

5 1 êtes 2 est 3 a 4 sommes 5 avons 6 est.

Fiche 6

1 1 e 2 es 3 e 4 ez 5 ent 6 ons.

2 1 étudie 2 mangeons 3 vas 4 appelles 5 commencez 6 travaillent.

3 1 espère 2 achetons 3 vous levez 4 nettoies 5 envoient 6 payons.

4 1 habite 2 achète 3 parlez 4 exagère 5 commence 6 se lève.

5 1 è 2 è 3 e 4 é 5 è 6 e.

Fiche 7

1 1 réfléchissons 2 grossit 3 obéissons 4 choisissent 5 partent 6 offrons.

2 1 obéis 2 choisissent 3 Elle 4 établissons 5 Vous 6 fournissent.

3 1 issons 2 ez 3 ons 4 issez 5 issent 6 ent.

4 1 pars 2 viens 3 veulent 4 ne peux pas – dois 5 offre 6 souffre.

5 1 finissent 2 cueille 3 remplis 4 dort 5 pars 6 veux.

Fiche 8

1 1 rompt 2 prend 3 réponds 4 mets 5 comprenons 6 attends.

2 1 connaît 2 croyez 3 peignons 4 faites 5 boivent 6 lis.

3 1 il 2 tu 3 tu 4 il 5 tu 6 il.

4 1 prends 2 faites 3 buvons 4 dites 5 voit 6 mets.

5 1 comprends 2 mets 3 apprenez 4 entends 5 n'entends pas 6 ne connaissent pas.

Fiche 9

1 1 Chante ! 2 Allons-y ! 3 Parlez ! 4 Va-y !
5 Fais-le ! 6 Allez-y !

2 1 Vas-y ! Allons-y ! Allez-y 2 Viens ! Venons ! Venez !

3 1 Parle 2 Vas 3 mange 4 ouvre 5 Laisse
6 Fais.

4 1 Range 2 Prenez 3 Regardons 4 Va
5 Faisons 6 Choisis.

5 1 N'allez pas dans ce bistrot ! 2 Ne prends pas
cette marque de dentifrice ! 3 Ne parle pas de ce
problème à tes amis ! 4 Ne recopie pas tout !
5 Ne bavardez pas entre vous ! 6 Ne marchons
pas sur le tapis !

Fiche 10

1 1 Tu 2 J' 3 Il / Elle 4 Nous 5 Vous 6 Ils /
Elles.

2 1 Il 2 on 3 vous 4 Vous 5 Elles 6 Il.

3 1 elle 2 Moi 3 toi 4 Lui 5 Moi – toi.

4 1 Toi 2 nous 3 toi 4 vous 5 Eux 6 toi.

5 1 eux 2 elle 3 lui 4 elles 5 vous 6 nous.

Fiche 11

1 1 il pleut 2 Il s'agit 3 il reste 4 il y a
5 Il vaut mieux 6 Il se passe.

2 1 Il faut partir. 2 Il me faut un couteau. 3 Est-ce
qu'il te faut une serviette ? 4 Il faut l'aider.
5 Il faut répondre. 6 Qu'est-ce qu'il vous faut ?

3 1 fait 2 faut 3 faut 4 fait 5 faut 6 fait.

4 1 vaut mieux 2 faut 3 fait 4 il arrive 5 geler
6 suffit.

5 1 gèle 2 neige 3 suffit 4 y a 5 fait chaud
6 vaut mieux.

Fiche 12

1 1 Je n'achète pas beaucoup de fruits.
2 Vous n'allez pas au stade. 3 Nous ne jouons pas
au foot. 4 Elle n'a pas une belle voix.
5 Je ne prends pas le train de 17 h 40. 6 Ils ne
font pas ce voyage.

2 1 a 2 b 3 b 4 a 5 b 6 b.

3 1 Le soir, je ne mange pas de pâtes.
2 Nous n'achetons pas de CD. 3 Elle n'écrit pas de
lettres. 4 Ils ne proposent pas de modifications.

5 Je n'ai pas de dépliants sur la Sicile. 6 Tu ne fais
pas ces traductions.

4 1 Je ne mange rien. 2 Je n'ai aucune intention de
partir. 3 Il ne pratique plus la natation.
4 Elle n'invite personne. 5 Je ne vais jamais au
stade. 6 Nous n'achetons rien.

5 1 Il ne mange que des légumes. 2 Elle ne prend
qu'un thé. 3 Je ne commande qu'un dessert.
4 Je n'accepte que les espèces. 5 Vous ne devez
utiliser que cette sortie. 6 Il ne joue qu'au volley.

Fiche 13

1 1 Vous allez au cinéma ? Est-ce que vous allez au
cinéma ? Allez-vous au cinéma ? 2 Ils parlent
chinois ? Est-ce qu'ils parlent chinois ? Parlent-ils
chinois ?

2 1 t 2 t 3 / 4 / 5 t 6 /.

3 1 Est-ce qu'ils ne vont pas à Lille ? 2 Est-ce que tu
ne veux pas du thé ? 3 Est-ce qu'elle n'est pas au
courant ? 4 Est-ce que nous ne devons pas
demander une autorisation ? 5 Est-ce qu'elles ne
sortent pas ce soir ? 6 Est-ce que vous ne partez
pas dimanche ?

4 1 Oui, elle a des frères et sœurs. 2 Si, j'aime le rap.
3 Oui, ils sont en vacances. 4 Si, il est américain
5 Oui, elle va en boîte. 6 Si, ils ont faim.

5 1 c 2 a 3 b 4 b 5 a 6 b.

Fiche 14

1 1 ma lettre 2 notre ami 3 votre livre
4 son enfant 5 ton tee-shirt 6 ma main.

2 1 Mes 2 Mon 3 Nos 4 leur 5 sa 6 Ma.

3 1 votre 2 son 3 son 4 ton 5 mon 6 ton.

4 1 ses 2 sa 3 leur 4 Mon 5 mes 6 son.

5 1 son 2 ta 3 tes 4 mes 5 son 6 sa.

Fiche 15

1 1 Quelle 2 Quels 3 quel 4 Quel 5 Quels
6 Quel.

2 1 ces 2 Cet 3 ces 4 cette 5 cette 6 Ce.

3 1 Ces 2 Cet 3 ces 4 ce 5 Cette 6 ce.

4 1 Ces 2 Cet 3 ces 4 Ce 5 Ce 6 ce.

5 1 Quelle 2 Quelle 3 Quels 4 quel 5 Quelles
6 quel.

Fiche 16

1 1 75   2 90   3 32   4 86   5 47   6 70.

2 1 vingt et un   2 soixante- dix-huit   3 quarante-quatre   4 quatre-vingts   5 cinquante-six   6 quatre-vingt-douze.

3 1 vingt heures quarante-cinq / neuf heures moins le quart.   2 quatorze heures trente / deux heures et demie.   3 midi.   4 dix-sept heures dix / cinq heures dix.   5 vingt et une heure vingt / neuf heures vingt.   6 dix-huit heures quinze / six heures et quart.

4 1 le vingt-deux avril mil neuf cent quatre-vingt-neuf.   2 le deux février mil neuf cent quatre-vingt- dix-huit   3 le dix-huit décembre deux mil deux.   4 le vingt-neuf mars mil neuf cent soixante dix-huit   5 le quinze octobre mil neuf cent soixante-sept.   6 le quatorze juillet mil sept cent quatre-vingt-neuf.

5 1 en   2 de – à   3 à   4 quatre-vingts   5 vingt et un.

TESTS A2

Fiche 17

1 1 je le connais.   2 elle l'aime.   3 nous le louons.   4 je les écoute.   5 je les achète.   6 je la prends.

2 1 la   2 les   3 le   4 l'   5 les   6 l'.

3 1 le   2 la   3 l'   4 l'   5 t'   6 les.

4 1 les   2 l'   3 les   4 la   5 le   6 t'.

5 1 Nous voulons les inviter.   2 Je veux le refaire.   3 Ils peuvent nous appeler.   4 Elle doit les attendre.   5 Je dois l'écouter.   6 Ils peuvent l'accueillir.

Fiche 18

1 1 nous lui téléphonons.   2 je leur envoie un mail.   3 ils ne lui offrent pas de cadeau.   4 je lui dis bonjour.   5 nous lui demandons des précisions.   6 elle ne lui raconte pas son aventure.

2 1 lui   2 lui   3 leur   4 me   5 lui   6 me.

3 1 Elle leur prépare une quiche.   2 Tu lui offres une plante.   3 Je leur fais une surprise.   4 Je lui prête un tee-shirt.   5 Vous leur posez des questions.   6 Tu lui conseilles un film.

4 1 me   2 nous   3 toi   4 toi   5 se   6 se.

5 1 se   2 t'   3 nous   4 te   5 me   6 vous.

Fiche 19

1 1 y   2 y   3 en   4 y   5 en   6 en.

2 1 y   2 en   3 y   4 en   5 y   6 en.

3 1 Il en mange.   2 Ils y vont.   3 Elle y pense.   4 Tu en achètes.   5 Nous y pensons.   6 J'en veux.

4 1 en   2 en   3 y   4 y   5 y   6 en.

5 1 Nous voulons en boire   2 Elle doit y réfléchir   3 Ils peuvent en acheter encore   4 Tu peux m'y accompagner ?   5 Il doit y croire.   6 Vous voulez en rajouter ?

Fiche 20

1 1 oui   2 non   3 non   4 oui   5 non   6 non.

2 1 deuxième   2 seizième   3 dix-huitième   4 vingt-neuvième   5 quarantième   6 soixante-deuxième.

3 1 première   2 troisième   3 vingt-cinquième   4 deuxième   5 cinquantième   6 sixième.

4 1 première   2 premier   3 au   4 énième   5 septième   6 dernières.

5 1 première   2 troisième   3 dix-septième   4 quatre   5 quatrième   6 neuf.

Fiche 21

1 1 La porte mesure 2 m 20 (de hauteur).   2 Ce tapis mesure 1 m 20 sur 1 m 80.   3 La Loire mesure 1012 km (de longueur).   4 La chambre mesure 4 m 50 (de largeur).   5 La tour de Pise mesure 56 m (de hauteur).   6 La tour Eiffel mesure 320 m (de hauteur).

2 1 un euro quatre-vingts   2 vingt et un euros cinquante   3 trois euros cinquante   4 quatre-vingt-neuf euros   5 seize euros   6 cent quarante euros.

3 1 une douzaine   2 une dizaine   3 une vingtaine   4 une trentaine   5 une cinquantaine   6 environ quatre-vingts.

4 1 trois quarts   2 un demi   3 quatre quarts   4 deux tiers   5 un dixième   6 un centième.

5 1 Deux plus deux égale quatre.   2 Six moins un égale cinq.   3 Cinq fois deux égale dix.   4 Cent divisé par dix égale dix.   5 Vingt-trois plus trente-deux égale cinquante-cinq.   6 Quatre-vingt-un divisé par neuf égale neuf.

Fiche 22

1 1 très 2 beaucoup 3 beaucoup d' 4 très 5 beaucoup 6 beaucoup de.

2 1 beaucoup – très 2 peu 3 beaucoup de 4 beaucoup de 5 environ.

3 1 beaucoup de 2 trop de 3 assez d' 4 très 5 environ 6 peu de.

4 1 Il a beaucoup mangé. 2 Vous avez trop dormi. 3 Elle a assez travaillé. 4 Tu as peu étudié. 5 J'ai beaucoup voyagé. 6 Nous avons trop discuté.

5 1 là-bas – au milieu 2 d'ici 3 quelque part 4 ci-contre 5 dehors.

Fiche 23

1 1 aux 2 chez 3 Entre 4 Parmi 5 entre 6 par.

2 1 en 2 au 3 aux 4 depuis 5 pendant 6 entre.

3 1 depuis 2 Au 3 de 4 En 5 en 6 sous.

4 1 chez 2 en 3 après 4 pendant 5 à 6 à.

5 1 en 2 à 3 de – à 4 chez 5 à.

Fiche 24

1 1 choisi 2 connu 3 reçu 4 voulu 5 vu 6 surpris.

2 1 b 2 c 3 c 4 a 5 c 6 b.

3 1 i 2 é 3 é 4 i 5 i 6 é.

4 1 u 2 u 3 i 4 é 5 é 6 é.

5 1 e 2 / 3 s 4 / 5 s 6 /.

Fiche 25

1 1 a 2 a 3 a 4 avez 5 ai 6 a.

2 1 sont 2 est 3 est 4 sont 5 sont 6 est.

3 1 est 2 a 3 est 4 suis 5 a 6 ont.

4 1 as 2 ont 3 as 4 sommes 5 avez 6 as.

5 1 a 2 sont 3 êtes 4 a 5 a 6 a.

Fiche 26

1 1 se promènent 2 s'habille 3 nous couchons 4 vous levez 5 me brosse 6 te dépêches.

2 1 se taisent 2 s'absente 3 m'ennuie 4 se méfie 5 s'attend 6 s'aident.

3 1 ils se sont tus 2 elle s'est absentée 3 je me suis ennuyé 4 il s'est méfié 5 elle s'est attendue 6 ils se sont aidés.

4 1 Quelle 2 Quels 3 Qu'est-ce que 4 Qu'est-ce qui 5 Comment 6 Pourquoi.

5 1 Où 2 Quand 3 Combien 4 Comment 5 Pourquoi 6 Où.

Fiche 27

1 1 C'est 2 Ce sont 3 C' 4 Il 5 Il 6 C'.

2 1 Il 2 C' 3 C' 4 Il 5 Il 6 C'.

3 1 Il 2 Il 3 Il 4 C' 5 C' 6 C'.

4 1 C'est elle qui a obtenu ces résultats. 2 C'est lui qui a convaincu Philippe. 3 C'est lui qui a organisé cette fête. 4 C'est elle qui a rempli ce formulaire. 5 C'est lui qui a réservé cette chambre. 6 C'est lui qui est canadien.

5 1 Il est australien. 2 Il est architecte. 3 C'est un roman policier. 4 Il est cinq heures. 5 C'est lui qui a fait ça. 6 C'est un joueur de foot.

Fiche 28

1 1 seras 2 comprendront 3 irez 4 viendrai 5 sortirons 6 fera.

2 1 ons 2 ai 3 ont 4 as 5 ez 6 a.

3 1 Elle déménagera. 2 Ils sortiront avec leurs amis. 3 Ils se marieront. 4 Elle changera de coiffure. 5 Nous prendrons une décision. 6 Je partirai pour Paris.

4 1 sortirons 2 prendra 3 sera 4 aurons 5 finirez 6 partirai.

5 1 pourra 2 feront 3 prendront 4 préparera 5 passera 6 participeront.

Fiche 29

1 1 devais 2 allais 3 partais 4 achetais 5 arrivais 6 pouvais.

2 1 commencions 2 mangiez 3 étudiions 4 prenaient 5 envoyiez 6 tracions.

3 1 ait – ait 2 ions – ions 3 aient 4 ais.

4 1 ait 2 iez 3 ais 4 ait 5 ait 6 iez.

5 1 était – mangeait 2 faisaient – habitaient 3 avions 4 ne pouvais pas.

Fiche 30

1   1 Je viens de trouver un nouvel appartement.
2 Ils viennent de partir pour Rome.   3 Elle vient
d'avoir un enfant.   4 Tu viens de rentrer de Mexico
hier ?   5 Il vient de déménager.
6 Nous venons de prendre le T.G.V.

2   1 Elle est en train de préparer une quiche.
2 Ils sont en train d'écouter la radio.   3 Je suis en
train de ranger ma chambre.   4 Nous sommes en
train de déjeuner.   5 Vous êtes en train de naviguer
sur Internet.   6 Tu es en train de traduire des lettres
en anglais.

3   1 Elle va contacter le responsable.   2 Ils vont
s'inscrire à ce stage.   3 Je vais partir à la mer.
4 Nous allons inviter tous nos amis.   5 Elle va
passer ses vacances en Corse.   6 Ils vont se marier.

4   1 vais   2 venons de   3 suis en train de   4 vais
5 vais   6 viens de.

3   1 Il vient de rentrer il y a deux ou trois minutes.
2 Je vais sortir dans quelques instants.
3 Elle est en train de dormir en ce moment.
4 Elle est en train de repasser en ce moment.
5 Elle vient de rencontrer son cousin il y a quelques
instants.   6 Nous allons finir dans cinq minutes.

Fiche 31

1   1 ais   2 ais   3 ait   4 ions   5 iez   6 ait.

2   1 espérerait   2 nettoierais   3 me lèverais
4 annonceraient   5 mangeriez   6 achèterions.

3   1 voudrais   2 pourrais   3 Pourrais   4 serait
5 sauriez   6 ne devrais pas.

4   1 pourrais   2 dirait   3 aimeriez   4 viendrais
5 sauraient   6 serais.

5   1 Je serais parti(e).   2 Ils auraient pris.
3 Nous aurions fait.   4 Vous auriez fini.
5 Elle serait allée.   6 Tu aurais voulu.

Fiche 32

1   1 qui   2 que   3 qui   4 qui   5 qui   6 que.

2   1 qui   2 qui   3 quoi   4 quoi   5 qui   6 qui.

3   1 où   2 que   3 dont   4 qui   5 où   6 dont.

4   1 mien   2 sienne   3 les tiennes   4 le tien
5 les leurs   6 le tien.

5   1 le mien   2 la mienne   3 le nôtre   4 le mien
5 le mien   6 le leur.

Fiche 33

1   1 ceux-là   2 celle   3 le bleu   4 celui   5 celui-là
6 celui-là.

2   1 celui-là   2 ça   3 Celle   4 celui   5 ce   6 Cela.

3   1 celle   2 celle-là   3 Ceux-ci   4 ce qu'   5 ça
6 celui.

4   1 ce qu'   2 ce qu'   3 Ce qu'   4 ce qui   5 ça
6 ça.

5   1 celui – celui   2 celle   3 ceux   4 celles-ci
5 Ce qui.

TESTS B1

Fiche 34

1   1 Mathis est plus sportif que son frère.
2 Le chinois est plus compliqué que l'espagnol.
3 Manon est aussi studieuse que sa cousine.
4 Le prof d'anglais est moins sévère que le prof de
maths.   5 Ce musée est aussi connu que l'autre.
6 Coralie est moins curieuse que Lélie.

2   1 Basile a autant de chats que sa cousine.
2 Christian lit plus que son frère.   3 Sarah gagne
moins d'argent que Nadine.

3   1 plus de   2 aussi   3 moins   4 moins de
5 moins de   6 autant de.

4   1 Sophie est très généreuse.   2 Monsieur Gilbert est
très disponible.   3 Ce vin est très cher.   4 Cette
solution est très difficile.   5 Ce chien est très
méchant.   6 Cette équation est très compliquée.

5   1 Ce sac est le plus cher de tous ceux de la vitrine.
2 Cette boîte est la boîte la plus à la mode de la ville.
3 Cette plage publique est la mieux équipée de
toutes.   4 Cette crème est la plus sucrée de toutes.
5 Ce film est le plus amusant (de tous les films).
6 Cette pièce est la plus spacieuse de l'appartement.

Fiche 35

1   1 toutes   2 tout   3 Toutes   4 toute   5 toute
6 tous.

2   1 nombreux   2 plusieurs / différentes / diverses
3 nombreuses   4 Certaines / Plusieurs   5 Certains
/ Divers / Plusieurs   6 Certains / Plusieurs / Divers.

3   1 quelque   2 quelques   3 quelques   4 quelque
5 quelque   6 quelques.

4   1 aucune   2 aucun   3 aucune   4 aucune
5 aucun   6 Aucun.

5 **1** toute   **2** Toutes   **3** quelques   **4** toutes
5 plusieurs   **6** Chaque.

Fiche 36

1 **1** malheureusement   **2** poliment   **3** sensiblement
4 attentivement   **5** prudemment   **6** réellement.

2

Adjectif masculin	Adjectif féminin	Adverbe en -ment
utile	utile	utilement
régulier	régulière	régulièrement
prudent	prudente	prudemment

3 **1** jamais   **2** toujours   **3** longtemps   **4** environ
5 presque   **6** Malheureusement.

4 **1** déjà   **2** tard   **3** tout de suite – avant   **4** jamais
5 souvent.

5 **1** longtemps   **2** avant-hier   **3** toujours   **4** souvent
5 hier   **6** tard.

Fiche 37

1 **1** Elle la leur raconte.   **2** Il le lui offre.   **3** Je le lui
prête.   **4** Tu la lui conseilles.   **5** Il le lui propose.
6 Elle la lui prépare.

2 **1** Offre-la-lui !   **2** Ne les leur donnons pas !
3 Conseillez-les-nous !   **4** Accompagne- moi !
5 Ne vous en allez pas !   **6** Ne le lui proposons pas !

3 **1** Qu'est-ce que   **2** qui   **3** Qui   **4** laquelle
5 Lequel   **6** quoi.

4 **1** Quelqu'un   **2** Aucune de   **3** Personne
4 quelqu'un   **5** Chacune de   **6** Chacun.

5 **1** aucun   **2** n'importe quoi   **3** Personne
4 Quelqu'un   **5** rien   **6** Quiconque.

Fiche 38

1 **1** /   **2** s   **3** es   **4** s   **5** e   **6** s.

2 **1** Les solutions qu'il a trouvées.   **2** Les mails que j'ai
envoyés.   **3** La tarte qu'elle a préparée.
4 Les amis qu'ils ont vus.   **5** Les expositions que j'ai
visitées.   **6** Les articles que j'ai lus.

3 **1** e   **2** /   **3** s   **4** s   **5** /   **6** /.

4 **1** ont louée   **2** avons vus   **3** nous sommes réveillés
4 se sont aperçus   **5** me suis coupé   **6** ne s'est
pas promenée.

5 **1** ne l'avais pas reconnu   **2** t'es renseigné
3 étions partis   **4** avait promis   **5** aviez dit
6 avaient raté.

Fiche 39

1 **1** n'arrivant pas   **2** ne sachant pas   **3** ne voyant
pas   **4** ne réussissant pas   **5** ne choisissant pas
6 ne comprenant pas.

2 **1** étant arrivé   **2** ayant su   **3** ayant vu   **4** ayant
réussi   **5** ayant choisi   **6** ayant compris.

3 **1** Nous cherchons un animateur parlant français.
2 Nos enfants grandissant, nous cherchons une
maison plus spacieuse.   **3** N'étant pas libre le
matin, je peux travailler l'après-midi ou le soir.
4 Ayant déjà visité cette ville, je peux vous
accompagner.   **5** Nous cherchons un produit
d'entretien ayant une action antiseptique.
6 Vous cherchez un employé ayant moins de 25 ans.

4 **1** fatigante   **2** comportant   **3** influant
4 divergents   **5** convaincant   **6** provocantes.

5 **1** J'ai acheté ces journaux en arrivant à la gare.
2 En prenant la première à droite, vous trouverez la
gare routière à votre gauche.   **3** En faisant du
jogging, tu resteras en forme.   **4** Je regarde la télé
en repassant.   **5** Je la vois chaque matin en
promenant mon chien.   **6** J'écoute de la musique
en lisant mon journal.

Fiche 40

1 **1** puisse   **2** sachions   **3** ailles   **4** vouliez   **5** fasse
6 viennent.

2 **1** sois – soyons   **2** puisse – puissions
3 aille – allions   **4** sorte – sortions   **5** fasse –
fassions   **6** dise – disions.

3 **1** sois   **2** ait   **3** puissiez   **4** aillent   **5** finissiez
6 puissiez.

4 **1** fasses   **2** achètes   **3** preniez   **4** soit
5 réserviez   **6** ait.

5 **1** laisses   **2** écriviez   **3** arriviez   **4** prêtes
5 s'inscrive   **6** répondiez.

Fiche 41

1 **1** avoir choisi   **2** être arrivé   **3** avoir dormi   **4** être
parti   **5** avoir été   **6** être sorti.

2 **1** ne pas marcher sur le tapis **2** ne pas stationner devant l'école **3** ne pas se garer en double file **4** ne pas klaxonner en pleine nuit **5** ne pas donner à manger aux pigeons **6** ne pas rester au soleil trop longtemps.

3 **1** J'ai une bonne nouvelle à vous annoncer. **2** Vous avez vos valises à faire. **3** Tu as un mail à écrire. **4** Elle a un projet à réaliser. **5** Il a quelque chose à dire. **6** J'ai une traduction à finir.

4 **1** a été annulée **2** seront présentés **3** de **4** par **5** par **6** ont été

5 **1** par **2** de **3** par **4** par **5** de **6** par.

Fiche 42

1 **1** Il m'a demandé ce que j'avais fait hier soir.
2 Elle veut savoir ce qui se passe.
3 Elle demande ce que c'est que ce truc.
4 Ils m'ont demandé combien je l'avais payé.
5 Elle veut savoir quelle est leur adresse.
6 Il demande qui nous a dit ça.

2 **1** Elle répète qu'elle ne veut pas faire ce travail.
2 Il déclare qu'il signera le contrat. **3** Ils disent qu'ils n'accepteront pas ces conditions.
4 Elle lui crie de finir ses devoirs. **5** Elle admet qu'elle a l'intention de l'inviter. **6** Elle a insisté que c'était urgent.

3 **1** Il a ordonné d'arrêter de bavarder.
2 Il a annoncé qu'il avait tout fini. **3** Il nous a ordonné de nous taire. **4** Elle a communiqué qu'elle partirait le lendemain. **5** Nous avons répondu que ce n'était pas de notre faute.
6 Ils ont dit de faire attention.

4 **1** Il lui demande ce qu'il a fait la veille. **2** Ils ont dit de ne pas le déranger. **3** Elles ont dit de leur raconter ce qui s'était passé. **4** Elle a ordonné de finir ce travail. **5** Tu as ordonné de prendre une décision au plus tôt. **6** Il répondait qu'il ne pouvait pas accepter.

5 **1** Je lui ai dit de se garer devant l'église.
2 Elle me disait qu'elle était fatiguée.
3 Il répondait qu'il ne pouvait pas accepter.
4 Il a répondu qu'il l'avait su la veille.
5 Il annonce qu'il nous invite tous !
6 Il déclarait qu'il était innocent.

Fiche 43

1 **1** c **2** a **3** e **4** b **5** d **6** f.

2 **1** e **2** b **3** f **4** c **5** a **6** d.

3 **1** Ça fait / Il y a deux ou trois ans que tu es partie ?
2 Ça fait / Il y a quelques mois qu'ils apprennent l'italien. **3** Ça fait / Il y a une semaine qu'elle est au régime.

4 **1** maintenant **2** tout de suite **3** hier **4** demain **5** Quelquefois **6** souvent.

5 **1** Depuis **2** Au fur et à mesure que **3** Pendant **4** Après **5** Tandis **6** En attendant.

Fiche 44

1 **1** sortirons **2** es **3** ne serions **4** avait eu **5** pouviez **6** as.

2 **1** neige **2** réserve **3** voulais **4** avais étudié **5** aurais fait **6** ne pourra pas.

3 **1** y a **2** savais **3** écoutais **4** faites **5** prêtaient **6** invitez.

4 **1** pourvu que **2** À moins qu' **3** quitte à **4** Supposé qu' **5** Faute d' **6** à condition d'.

5 **1** pourriez **2** ne fasse pas **3** seraient **4** aies **5** accepte **6** décideriez.

TESTS B2

Fiche 45

1 **1** d'autres **2** des autres **3** D'autres **4** d'autres **5** des autres **6** d'autres.

2 **1** mêmes **2** même **3** n'importe quel **4** quelconque **5** Même **6** mêmes.

3 **1** Quelque **2** Quelles **3** quelconque **4** N'importe quelle **5** Quelques **6** Quel.

4 **1** laquelle **2** lequel **3** auquel **4** auquel **5** laquelle **6** laquelle.

5 **1** auxquelles **2** auquel **3** lequel **4** lequel **5** lesquels **6** lequel.

Fiche 46

1 **1** faut **2** suffit de **3** s'agit **4** manque **5** existe **6** chaud.

2 **1** s'agit   **2** reste   **3** faut   **4** se passe   **5** neige
6 vaut mieux.

3 **1** fassiez   **2** jetiez   **3** renonciez   **4** acceptes
5 sachent   **6** prenne.

4 **1** Ils ont tant dormi !   **2** C'est si compliqué !
3 Comme elle est belle !   **4** Qu'est-ce qu'il est
insupportable !   **5** Que de fautes dans cet exercice !
6 Combien d'argent j'ai dépensé !

5 **1** Quelle honte !   **2** Quelle injustice !   **3** Que de
monde !   **4** Qu'est-ce que ce paysage est beau !
5 Combien elle a maigri !   **6** Quel dommage !

Fiche 47

1 **1** regardai   **2** fit   **3** choisis   **4** comprit   **5** eûtes
6 dormîmes.

2 **1** vins   **2** vis   **3** connut   **4** fûmes   **5** dûtes
6 vécurent.

3 **1** prit   **2** fit   **3** quittâmes   **4** s'en alla   **5** finîmes
6 dus.

4 **1** renonçai   **2** répondit   **3** dus   **4** acceptèrent
5 connûmes   **6** vécut.

5 **1** rencontrai   **2** finit   **3** prit   **4** arrivâmes   **5** sus
6 vit.

Fiche 48

1 **1** J'aurai eu   **2** Tu auras été   **3** Nous serons partis
4 Vous aurez dû   **5** Tu auras vu
6 Je serai allé.

2 **1** aurons visité   **2** aura inauguré   **3** aurons déjeuné
4 aurez fait   **5** auront pris   **6** serai allé(e).

3 **1** aura fini   **2** aura trouvé   **3** aurai regardé
4 aurai ouvert   **5** aura suivi   **6** serai arrivé(e).

4 **1** aurai passé   **2** ira   **3** aurons pris   **4** serez
arrivé(e)s   **5** déménagerons   **6** pourrez.

5 **1** aurai terminé   **2** devrez   **3** auront visité   **4** aura
acheté   **5** pourra   **6** aurai examiné.

Fiche 49

1 **1** Vu qu'   **2** à cause de   **3** à cause du   **4** car
5 à cause du   **6** pour.

2 **1** pour   **2** à cause de   **3** car / parce que
4 Vu que   **5** grâce à   **6** Parce que.

3 **1** soient   **2** n'y ait pas   **3** puisse   **4** soient
5 puisse   **6** partiez.

4 **1** Cet hôtel est si peu cher que beaucoup de
touristes le choisissent.   **2** Il y a tellement de monde
qu'il est impossible de trouver une table libre.
3 Elle a mis des sandales de sorte qu'elle s'est
mouillé les pieds.

5 **1** ne fasse pas   **2** ne soit pas   **3** doivent   **4** puisse
5 ayez   **6** fasse.

Fiche 50

1 **1** sont sortis   **2** dises   **3** partirait   **4** rentrerait
5 changerait   **6** dit.

2 **1** ailles   **2** vient   **3** partiez   **4** sorte   **5** habite
6 lisiez.

3 **1** sort   **2** parles   **3** n'a pas   **4** choisirez
5 connaissiez   **6** doives.

4 **1** pouvez   **2** soit   **3** dise   **4** finisses   **5** veut
6 aillent.

5 **1** vas   **2** déjeunerait   **3** arriveras   **4** fasse
5 n'aillez pas pu   **6** soient.

Le Diplôme d'Études en Langue Française (D.E.L.F.)

Le DELF est un **diplôme officiel du Ministère français de l'Éducation nationale** proposé à tous ceux qui souhaitent obtenir une certification de leur niveau de compétence en langue française. Le DELF est présent dans 154 pays du monde grâce à un réseau de près de 1 000 centres agréés gérés par le Centre International d'Études Pédagogiques (C.I.E.P.).

Une certification reconnue au niveau international

Les épreuves du DELF s'inspirent du **Cadre Européen Commun de Référence pour les Langues**, qui permet de définir et classer les différents niveaux de compétence en matière linguistique, du plus simple au plus approfondi. Le DELF est ainsi constitué de **4 diplômes** correspondant aux **4 premiers niveaux** du CECRL.

UTILISATEUR ÉLÉMENTAIRE	A1	Peut comprendre et utiliser des expressions familières et quotidiennes ainsi que des énoncés très simples qui visent à satisfaire des besoins concrets. Peut se présenter ou présenter quelqu'un et poser à une personne des questions la concernant – par exemple, sur son lieu d'habitation, ses relations, ce qui lui appartient, etc. – et peut répondre au même type de questions. Peut communiquer de façon simple si l'interlocuteur parle lentement et distinctement et se montre coopératif.
	A2	Peut comprendre des phrases isolées et des expressions fréquemment utilisées en relation avec des domaines immédiats de priorité (par exemple, informations personnelles et familiales simples, achats, environnement proche, travail). Peut communiquer lors de tâches simples et habituelles ne demandant qu'un échange d'informations simple et direct sur des sujets familiers et habituels. Peut décrire avec des moyens simples sa formation, son environnement immédiat et évoquer des sujets qui correspondent à des besoins immédiats.

UTILISATEUR INDÉPENDANT	B1	Peut comprendre les points essentiels quand un langage clair et standard est utilisé et s'il s'agit de choses familières dans le travail, à l'école, dans les loisirs, etc. Peut se débrouiller dans la plupart des situations rencontrées en voyage dans une région où la langue cible est parlée. Peut produire un discours simple et cohérent sur des sujets familiers et dans ses domaines d'intérêt. Peut raconter un événement, une expérience ou un rêve, décrire un espoir ou un but et exposer brièvement des raisons ou explications pour un projet ou une idée.
	B2	Peut comprendre le contenu essentiel de sujets concrets ou abstraits dans un texte complexe, y compris une discussion technique dans sa spécialité. Peut communiquer avec un degré de spontanéité et d'aisance tels qu'une conversation avec un locuteur natif ne comporte de tension ni pour l'un ni pour l'autre. Peut s'exprimer de façon claire et détaillée sur une grande gamme de sujets, émettre un avis sur un sujet d'actualité et exposer les avantages et les inconvénients de différentes possibilités.

Chaque examen donne droit au diplôme et chaque diplôme est indépendant des autres : les candidats peuvent ainsi opter pour une progression régulière en soutenant les différents examens successivement, au fur et à mesure que leurs compétences s'affirment. Ou bien ils peuvent choisir de s'inscrire à un examen unique qui attestera le niveau des connaissances acquises. Comme tous les autres diplômes français, le DELF est **valable sans limitation de durée**.

En accord avec les autorités éducatives locales, le C.I.E.P. propose depuis l'an 2000 le **DELF scolaire**, un diplôme spécialement conçu pour les élèves qui apprennent le français dans le cadre de leur scolarité. Cet examen réservé aux plus jeunes certifie le même niveau de compétence que le DELF destiné aux candidats adultes : seuls les documents choisis et les thématiques proposées sont adaptés à un public adolescent.

La reconnaissance du DELF scolaire varie selon les pays (le diplôme français permet d'obtenir une attestation de connaissance de la langue, des crédits pour l'examen de fin d'études secondaires ou dans certaines facultés).

Une certification claire

- Les examens du DELF sont articulés en **4 grandes épreuves** qui évaluent **4 compétences** : la compréhension et la production écrites, la compréhension et la production orales.

- L'examen comporte **3 épreuves collectives** (dans l'ordre du devoir : compréhension orale, compréhension et production écrites) et **1 épreuve individuelle** (production orale).

- La difficulté des épreuves, comme la longueur de l'examen, est **progressive**.

DELF A1	DELF A2	DELF B1	DELF B2
1 h 20	1 h 40	1 h 45	2 h 30

- **Chaque épreuve est notée sur 25**. La note maximale pour l'examen est de 100. Pour réussir l'examen, le candidat doit obtenir la moyenne (soit 50 sur 100) et **une note minimale** de 5/25 à chacune des épreuves.

- Les documents choisis dans le cadre des épreuves sont généralement authentiques et reflètent **l'actualité du monde francophone** dans toute sa modernité.

- Le DELF scolaire propose des exercices familiers à l'apprenant de FLE (l'écoute de documents enregistrés, la rédaction de lettres, amicales ou formelles, de petits essais en langue, les jeux de rôle…) et les savoir-faire demandés reprennent **les grands axes du cours de langue** (capacité à se présenter, à donner son avis, à présenter un document, à interagir…).

Le DELF scolaire A1

Le **DELF scolaire A1** correspond à des **connaissances de base** et s'adresse tout particulièrement à des élèves qui commencent l'apprentissage du français. L'examen atteste les compétences d'un niveau A1 du CECRL.

COMPRENDRE		PARLER		ÉCRIRE
Écouter	**Lire**	**Prendre part à une conversation**	**S'exprimer oralement en continu**	**Écrire**
Je comprends des mots familiers et des expressions très courantes au sujet de moi-même, de ma famille et de l'environnement concret et immédiat si les gens parlent lentement et distinctement.	Je comprends des noms familiers, des mots ainsi que des phrases très simples, par exemple dans des annonces, sur des affiches ou sur des catalogues.	Je communique de façon simple, à condition que l'interlocuteur soit disposé à répéter ou à reformuler ses phrases plus lentement et à m'aider à formuler ce que j'essaie de dire. Je pose des questions simples sur des sujets familiers ou sur ce dont j'ai immédiatement besoin, et je répond à de telles questions.	J'utilise des expressions et des phrases simples pour décrire mon lieu d'habitation et les gens que je connais.	J'écris une courte carte postale simple, par exemple de vacances. Je donne des détails personnels dans un questionnaire, j'inscris par exemple mon nom, ma nationalité et mon adresse sur une fiche d'hôtel.

Le DELF scolaire A2

Le **DELF scolaire A2** s'adresse à des élèves qui ont déjà une bonne maîtrise des bases. L'examen atteste les compétences d'un niveau A2 du CECRL.

COMPRENDRE		PARLER		ÉCRIRE
Écouter	**Lire**	**Prendre part à une conversation**	**S'exprimer oralement en continu**	**Écrire**
Je comprends des expressions et un vocabulaire très fréquents relatifs à ce qui me concerne de très près (par exemple, moi-même, ma famille, les achats, l'environnement proche, le travail). Je comprends l'essentiel d'annonces et de messages simples et clairs.	Je lis des textes courts très simples. Je trouve une information particulière prévisible dans des documents courants comme les publicités, les prospectus, les menus et les horaires. Je comprends des lettres personnelles courtes et simples.	Je communique lors de tâches simples et habituelles ne demandant qu'un échange d'informations simple et direct sur des sujets et des activités familiers. J'ai des échanges très brefs même si, en règle générale, je ne comprends pas assez pour poursuivre la conversation.	J'utilise une série de phrases ou d'expressions pour décrire en termes simples ma famille et d'autres gens, mes conditions de vie, ma formation et mon activité professionnelle actuelle ou récente.	J'écris des notes et messages simples et courts. J'écris une lettre personnelle très simple, par exemple de remerciements.

Le DELF scolaire B1

Le **DELF scolaire B1** est destiné à des élèves qui ont atteint un certain niveau d'autonomie. L'examen atteste les compétences d'un niveau B1 du CECRL.

COMPRENDRE		PARLER		ÉCRIRE
Écouter	**Lire**	**Prendre part à une conversation**	**S'exprimer oralement en continu**	**Écrire**
Je comprends les points essentiels quand un langage clair et standard est utilisé et s'il s'agit de sujets familiers concernant le travail, l'école, les loisirs... Je comprends l'essentiel des émissions de radio ou de télévision sur l'actualité ou sur des sujets qui m'intéressent si l'on parle d'une façon relativement lente et distincte.	Je comprends des textes rédigés essentiellement dans une langue courante ou relative à mon travail. Je comprends la description d'événements, l'expression de sentiments et de souhaits dans des lettres personnelles.	Je fais face à la majorité des situations que l'on peut rencontrer au cours d'un voyage dans une région où la langue est parlée. Je prends part sans préparation à une conversation sur des sujets familiers ou d'intérêt personnel ou qui concernent la vie quotidienne (par exemple famille, loisirs, travail, voyage et actualité).	Je m'exprime de manière simple afin de raconter des expériences et des événements, mes rêves, mes espoirs ou mes buts. Je donne brièvement les raisons et explications de mes opinions ou projets. Je raconte une histoire ou l'intrigue d'un livre ou d'un film et exprime mes réactions.	J'écris un texte simple et cohérent sur des sujets familiers ou qui m'intéressent personnellement. J'écris des lettres personnelles pour décrire expériences et impressions.

Le DELF scolaire B2

Le **DELF scolaire B2** est réservé aux élèves qui ont une bonne maîtrise du français. L'examen atteste les compétences d'un niveau B2 du CECRL.

COMPRENDRE		PARLER		ÉCRIRE
Écouter	**Lire**	**Prendre part à une conversation**	**S'exprimer oralement en continu**	**Écrire**
Je comprends des conférences et des discours assez longs et suis une argumentation complexe si le sujet m'en est relativement familier. Je comprends la plupart des émissions de télévision sur l'actualité et les informations. Je comprends la plupart des films en langue standard.	Je lis des articles sur des questions contemporaines dans lesquels les auteurs adoptent une attitude particulière ou un certain point de vue. Je comprends un texte littéraire contemporain en prose.	Je communique avec un degré de spontanéité et d'aisance qui rend possible une interaction normale avec un locuteur natif. Je participe activement à une conversation dans des situations familières, présente et défends mes opinions.	Je m'exprime de façon claire et détaillée sur une grande gamme de sujets relatifs à mes centres d'intérêt. Je développe un point de vue sur un sujet d'actualité et explique les avantages et les inconvénients de différentes possibilités.	J'écris des textes clairs et détaillés sur une grande gamme de sujets relatifs à mes intérêts. J'écris un essai en transmettant une information ou en exposant des raisons pour ou contre une opinion donnée. J'écris des lettres qui mettent en valeur le sens que j'attribue personnellement aux événements et aux expériences.